Solothurner Lesebuch

HERAUSGEBER.CH
KULTURBUCHVERLAG

Die hier abgedruckten Texte zeigen
einen aktuellen Querschnitt
der literarischen Landschaft der Stadt
Solothurn. Die einzelnen Beiträge
wurden unverändert übernommen, um
die Vielfalt der Texte zu bewahren.

Originalausgabe 2014

Erschienen im Kulturbuchverlag Herausgeber.ch
Herausgeber: Daniel Gaberell

ISBN 978-3-905939-26-2

Mit den Geschichten wegkommen, um bleiben zu können

Peter Weibel

Im Traum war ich von weither gekommen, ich stand auf der Schmittenmatte und schaute zur Lehnfluh hinüber, wo Gerhard Meier sein Wolkenschattenboot gesehen hat, ich wusste nicht, ob er noch lebte, aber dann sah ich ihn von weitem, in ein Gespräch vertieft, er zeigte mit dem Finger hinauf zum Himmel, und hinüber, nach Solothurn. Ich wusste, dass er oft hier gewesen war, mit Dorli, mit Freunden, dass hier, auf seinen Wanderungen, die Geschichten begannen, dass hier seine Figuren entstanden, bevor sie weitergingen, hinunter nach Amrein und hinaus in die Welt. Aber der Traum zog mich weiter, ich wollte nach Solothurn, und ich wollte noch die Dichter suchen, die hier am Jurahang versammelt waren, zwischen Bergrücken und Aare, die den Jurafuss zu einem Ort der Literatur gemacht hatten. Ich wollte sie fragen, ob sie mit dem Aufstieg Solothurns zur Literaturstadt zu tun hatten, ob sie es waren oder nicht, aber ich suchte vergeblich, die Dichter hatten sich zurückgezogen, vielleicht schwiegen sie nur noch oder lebten schon lange nicht mehr. Stattdessen stand plötzlich die Balmfluh über mir, der weisse Felskopf mit den Südwänden, wo wir das Klettern eingeübt hatten, als die Literatur noch kein Thema war, als wir noch nicht wussten, dass da schon Hamo hochgeklettert war, der einsame Bergdichter, der es sicher weitergebracht hatte als ich, nicht nur bis zur vierten Südwand, aber weiter bis zum Turm, vielleicht bis zum Mauerläufer, der Kunstvariante der Felsakrobaten. Auch Vater war hier oben gewesen, und nach ihm mein Bruder und viel später Manuel, die beide die Mauerläufertrophäe holten, aber im Traum kletterte Vater schon lange nicht mehr, er wartete unten in der Verenaschlucht auf mich. Er wartete im Rollstuhl, er sass gebeugt vor dem sagenhaften Amanz Gressly-Stein wie damals, bei unserer letzten Begegnung, mit gekrümmtem Rücken und seinen klammen Händen unter der Wolldecke, aber er strahlte, als er mich sah, und bat mich, ihm ein paar Strophen aus Schillers *Taucher* vorzulesen. Er konnte nur noch mit Mühe reden, er fragte mich nach meinem Weg, fragte, warum kehrst du zurück nach Solothurn, und ich sagte, Solothurn ist jetzt Literaturstadt geworden, ich will wissen, wie das gekommen ist. Ich wollte bleiben, noch lange bleiben, im Traum wusste ich, dass er mich brauchte, aber der Traum schnitt alle Möglichkeiten ab, die auch das Leben nicht bereitgehalten hatte, und trug mich weiter, zur nahen Kantonsschule, wo ich meinem alten Lehrer begegnete. Da sah ich ihn wieder, der mich ins Leben gerettet hatte, schmal und zerbrechlich, er stand wieder vor uns Schülern, die erst viel später verstanden, und verteidigte Max Frischs Befreiungs- schlag für das Wort gegen einen alternden Literaturprofessor. Ich sagte ihm, wie recht er hatte, damals, als wir noch nichts wussten, als er den Raum vorausgesehen hatte, den Sprache braucht, den sie sich nehmen muss, um auszubrechen, aus der Enge der Zeit, aus der Enge von Solothurn. Er trug noch immer die dunkle Brille, die ihn vor vielem schützte, er freute sich, als immer mehr alte Schüler kamen und ihn baten, nicht aufzugeben, zu bleiben – der Literatur und der Anarchie der Sprache zuliebe, und auch Solothurn zuliebe, damit Solothurn nicht im Mittelmass stecken bleibt. Er führte mich den langen Gang entlang, an vielen Türen vorbei, hinter denen jetzt andere Lehrer dozierten, zu einer Tür, von der ich plötzlich wusste, dass es die Aula war, wo wir nie gerne waren, aber jetzt war es anders. Der Saal war überfüllt mit Schülern, mit Besuchern, überall sassen sie dichtgedrängt, standen sie, standen auch auf der Bühne, um nichts zu verpassen, und einen Augenblick lang sah ich sie alle, sah ich sie in einer langen Reihe kommen, Heinrich Böll, Wolfgang Borchert, schon krank und ganz gelb im Gesicht, mit seinem Manifest, *Sag Nein!*, das er den Nächsten übergab, die nach ihm kamen, Erich Fried, Ilse Aichinger, Niklaus Meienberg. Der Saal tobte, begann zu wanken, und plötzlich wusste ich nicht mehr, ob es noch die Schulaula oder schon der Landhaussaal war, der Traum verschob alles, schob die Orte ineinander, aber dann erinnerte ich mich, dass ich noch nicht beim Landhaus sein konnte, dass es zu früh oder zu spät war für die Literaturtage und dass mir keine Zeit mehr blieb. Ich eilte hinunter zur Altstadt, noch immer ein standhaftes Museum, vorbei an der St. Ursen Kathedrale, die im Traum noch grösser und protziger war, aus der Zeit gefallen, aus allen Massstäben gefallen, und weiter durch die Hauptgasse, ich fragte wahllos ein paar Leute, wie sie es mit ihrer Literaturstadt hielten, aber sie wussten es nicht. In der Schalgasse begegnete ich Peter Bichsel, er war wie immer mit einer Geschichte beschäftigt, die er aus einer Kneipe geholt hatte, ich rief ihn an, aber er hörte mich nicht, ich hätte ihn gerne gefragt, wie das damals war, wie das vor vierzig oder fünfzig Jahren war, als in Solothurn noch niemand von Literatur sprach, als es nur Primo Randazzo gab, der ihm befahl, Bin zu lesen, mit Frischs Bin auf die Welt zu kommen. Ich sah Peter nach, wie er versunken weiterging, unauffällig, ein getarnter Beobachter, und ich dachte, er ist noch immer auf der Flucht vor Solothurn, aber er hat seine Geschichten, mit den Geschichten kommt er weg von Solothurn, und mit den Geschichten kann er zurückkommen nach Solothurn. Das Landhaus war geschlossen, ich war wie immer zu spät, sie holten eben die langen Bänke herein, ins Kreuz, ich setzte mich drinnen an einen Tisch und wartete auf eine Begegnung, aber ich sah nur fremde Gesichter. Ich erinnerte mich, dass wir hier den Aufstand geprobt hatten, den Ausbruch aus der Enge, wir hatten Solothurn verloren, aber wir hatten das Kreuz. Wir hatten das Kreuz und seine Geschichten, und im Traum, der jetzt durchlässiger wurde, erinnerte ich mich, dass aus dem Aufstand ein Aufbruch wurde, ein Aufbruch ins Gegensolothurn unten an der Aare, im Halbschatten der Kathedrale, der stillen Provinz. Ich wollte schon gehen, da setzte sich ein Mann mit altem, gegerbtem Gesicht zu mir, er kam mir vertraut vor, ich suchte nach einer Verbindung, aber ich fand sie nicht, er erzählte mir von seiner Flucht und von seiner Rückkehr nach Solothurn. Wir tranken uns zu, tranken aufs Kreuz und auf das Geheimnis der Literaturstadt, und er sagte, es braucht Geschichten, um wegzukommen, obwohl man bleibt, es braucht die Literatur, um die Welt hereinzuholen, herein nach Solothurn, um bleiben zu können.

Peter Weibel (*1947). Nach Schulabschluss Wegzug von Solothurn, mit dem ihn noch immer drei Orte verbinden: die Verenaschlucht, die Balmfluh mit den Südwänden, das Landhaus mit den Literaturtagen. Lebt und arbeitet als Allgemeinarzt/Geriater und Autor in Bern und beruft sich gerne auf Mani Matters Satz: Der Zweitberuf ist die kritische Instanz des ersten. Mehrere Lyrik- und Prosabände seit 1982. Verschiedene Auszeichnungen, u.a. Literaturpreis des Kantons Bern 2014.

Das Familienfest

Rolf Max Kully

Als Kindergärtnerin erfand sie ihre Welt im gegenseitigen Austausch mit Kolleginnen jeden Tag neu. Es war eine grosse und geheimnisvolle Welt, bevölkert von Zwergen aus Steingut und Fliegenpilzen aus Kunststoff die zwar in einem Korb Platz fand, aber auf echtem Moos und tief symbolisch. Und als sie beschloss, dass ihr bald zweijähriges Töchterchen zusammen mit dem wenig älteren Sohn ihrer besten Freundin, getauft werden sollte, verschmähten die beiden jede Anleihe an die europäische Tradition, vielmehr war ihnen von Anfang an klar, dass für sie nur eine richtige Do-it-your-self-Taufe in Frage kam, denn die Ideen zu ihrer Ausführung strömten ihnen nur so zu.

Zuerst bemühten sie sich um eine private Kapelle im Wald über der Schlucht, weil sie so heimelig und stimmungsvoll gotisch war und die Eigentümer, wie sie von weiteren Freundinnen vernahmen, vermutlich nichts dagegen haben würden, sie auch für einen nicht konventionellen Anlass zur Verfügung zu stellen. Das wäre bei einer Pfarrkirche in einem Dorf kaum denkbar gewesen. Dann suchten sie sich eine Zelebrantin aus, da sie sich eine Zeremonie unter männlicher Mitwirkung oder gar Leitung nicht vorstellen konnten. Sie fanden eine Frau in der Nachbarschaft, die als freischaffende Pfarrerin Kulthandlungen wie Eheschliessungen, Abdankungen und eben auch Kindstaufen zu günstigen Bedingungen und ohne konfessionelle Einengungen vornahm. Das Finanzielle war bald geklärt, und der gegenseitigen Zusage stand nichts mehr im Weg. Als nächstes musste der Akt bedeutungsträchtig aufgeladen werden, denn die Kreuze, Kerzenstöcke, Engel- und Heiligenstatuen sowie die Wandbilder und farbigen Glasfenster in der kleinen Kirche waren zwar sehr schön, aber auch schon über hundert Jahre alt und für den geplanten Anlass zu wenig originell. Die beiden Väter wurden an die Emme abkommandiert mit dem Auftrag, etwa handtellergrosse flache Kieselsteine zu suchen, die von einer weissen Ader durchzogen waren. Jeder musste etwa zwanzig Stück heimbringen. Überhaupt gab es viel zu tun: neben dem täglichen Unterricht im Kindergarten und den dazugehörigen Vorbereitungen sowie Besprechungen und Elternabenden galt es, die regelmässigen Besuche im Brockenhaus, die Mitwirkung an Flohmärkten, die Teilnahme am MuKi-Turnen und die Singstunden mit südamerikanischen und israelischen Liedern nicht zu vernachlässigen.

Dann wurde eine kleine Broschüre mit vielen Fotos gestaltet. Vorne drauf in einer Detailaufnahme prangten die Windelpakete an den Hintern der beiden Kinder, darunter die nackten Beinchen. Am steinigen Grund des Schotterweges, auf dem sie gingen, erkannte man sogleich, dass sich die kleinen Barfüsser auf dem Lebensweg befanden. Das regte zum Weiterdenken an, besonders weil sich der Weg hinten im Waldesdickicht verlor. Was würde ihrer wohl warten? Führte der Weg aus dem Wald in blumige Wiesen oder immer weiter ins Dickicht? Weitere Bilder zeigten die zwei Krabbler nun in

Gesamtansicht vor dem letztjährigen Weihnachtsbaum, schlafend im Kinderwagen, stehend im Garten vor einem Tor aus Weidenruten und sitzend auf einem Baumstamm beim Essen einer Banane. Zuhinterst in dem Heft war zu lesen, dass die Taufe ein einmaliges Fest sei, woran man sich ein Leben lang erinnere und zu dem man sich ein gemeinsames symbolisches Geschenk wünsche: einen Obstbaum, der zusammen mit dem Mädchen wachsen und gedeihen und es auf seinem Lebensweg begleiten solle. Für einen Zustupf an seine Anschaffung werde eine Kasse bereitstehen. Die Eltern des Jungen hingegen wünschten sich einen Steinfindling in ihren neuen Sandkasten und versprachen, dass für einen Beitrag an seine Anschaffung eine Kasse bereitstehen werde. Dieses Bilderbüchlein ging als Einladung an Verwandte und Freunde. Später besorgten sich die beiden Frauen auf einem abgelegenen Acker einige Runkeln oder Zuckerrüben, höhlten sie aus und banden sie mit Drähten an Stecken, um die Feier durch einen Kinderumzug zu krönen.

Es war November, neblig und kalt. Am Vorabend des Tauftages setzte Dauerregen ein. Es regnete die ganze Nacht, es regnete den ganzen Vormittag, und es regnete auch nach dem Mittagessen, als Verwandte und Freunde mit Kindern in Windjacken und zerbeulten Hosen, mit ihren Autos vor dem Clubhaus des örtlichen Fussballvereins vorfuhren. Der Boden war aufgeweicht, die Reifen gruben sich tief in den Rasen am Strassenrand ein, in den Unebenheiten des Weges sammelten sich breite Pfützen. Die jüngeren Frauen, fast alle mit hennagefärbtem Haar, begrüßten sich mit Küsschen links, Küsschen rechts und redeten sich mit «Schätzchen» an. Die meisten der älteren Leute kannten sich auch, hatten aber einige Namen vergessen und mussten nachfragen oder sich zumindest versichern, dass sie den richtigen getroffen hatten. Nach dem ersten Händeschütteln griffen sie zu Salzstängelchen und heissem Süssmost und standen fröstelnd unter dem Vordach des Clubhauses. Einige rauchten, aber die Luft wurde nicht wärmer. Auf einer Bank lagen die von den beiden Vätern gesammelten Kiesel mit den weissen Strichen. Nach einer ungemütlichen Weile wurden alle Anwesenden aufgefordert, einen Stein auszuwählen, ihn in die Tasche zu stecken und sich auf den halbstündigen Marsch zu der Waldkapelle zu machen, wer den Regen scheue oder schlecht zu Fuss sei, könne auch auf einem Umweg mit dem Auto hingelangen. Der Fussweg führte zuerst an einem kleinen von Büschen gesäumten Wässerchen entlang durch die Wiesen, dann ein Stück weit durchs Dorf und zuletzt einen steilen Anstieg hinauf. Wegen der Nässe raschelten die herbstlichen Blätter nicht, sondern blieben an den Schuhen kleben. Unten rauschte fast bedrohlich der Bach, weil er viel mehr Wasser führte als üblich. Da die Schirme nur notdürftig gegen den Regen von oben schützten, die Windböen das Nass aber auch von der Seite her wehten, gelangten alle feucht bis auf die Haut zum Ziel, doch die Kirche durfte erst auf Kommando betreten werden. Deshalb standen die Leute noch einmal während mehr als einer halben Stunde schlotternd unter ihren Regenschirmen vor dem Tor und versuchten die angefangenen Gespräche fortzuführen oder mit jemand anderem ein neues anzuknüpfen. Die freundlichen Besitzer des Hauses, zu dem die Kapelle gehörte, erlaubten ihnen, die private Toilette zu benutzen. Zwei kleine Buben kratzten ausser Programm mit Stöckchen eine Rinne in den gestampften Platz vor der Kirche, so dass das Wasser als kleines Rinnsal abfliessen konnte. Die einen oder andern Erwachsenen versuchten, den unter den Sohlen hervorquellenden Lehm an einem Grasbüschel abzustreifen.

In der Zwischenzeit rief die Frau Pfarrer alle Anwesenden dazu auf, den Lebensweg der Kinder zu gestalten und ihm eine Richtung zu geben. Eine Fünfjährige musste den ersten Stein so auf den Boden legen, dass die weisse Ader gegen die Kirche zeigte. Von der andern Seite betrachtet, zeigte sie in den Wald. Eine zweite Person schloss ihren Stein an den ersten an wie beim Domino, wobei Wert darauf gelegt wurde, dass sich die weissen Striche berührten. Mit der Zeit ergab sich eine zwei Meter lange Steinkette mit einem durchgehenden weissen Strich fast bis vor die Treppe zur Kapellentüre. Dann stimmte jemand an: «Auf Stein und auf Erde, da steh ich so gern, am Tag seh' ich die Sonne und nachts alle Stern', ich schwimm' auf der Welle und tanz' mit dem Wind, zwischen Himmel und Erde, ein froh's Menschenkind», und wo es hiess «da steh ich so gern», sollten nach dem Vorbild der Pfarrerin alle aufhüpfen und mit den Handflächen auf die Schenkel schlagen. In der Kälte und ohne Unterstützung eines Instruments tönte der Gesang schütter und unharmonisch, es stimmten auch lange nicht alle Umstehenden ein.

Anschliessend durften die Anwesenden eintreten. Den Erwachsenen waren die Bänke reserviert, im Mittelgang setzte sich ein Dutzend Kinder auf den Boden. Vor dem Chorraum sass der Vater des einen Täuflings und spielte auf dem «Hang», einem sehr leisen beckenähnlichen Instrument, das man durch feine Berührung mit den blossen Fingern zum Klingen bringt. Je nachdem ob der Spieler näher beim Beckenrand oder näher bei der Mitte anschlägt, ergibt sich ein leicht anderer Ton. Aber hier hörte man ihn nur, wenn man ganz in der Nähe sass, weil alle sehr laut redeten, um das Gefühl der Kälte zu übertönen, bis es richtig anfing. Nach dieser musikalischen Einstimmung erzählte die eine Kindergärtnerin und Mutter eine Geschichte von einem Mädchen, das durch den Wald geht und etwas verloren hat. Die Hasen und Füchse und die Sonne helfen ihm unter Büschen und Blumen suchen, während in den Zweigen die Vöglein zwitschern. Die andere Mutter und Kindergärtnerin untermalte die Erzählung mit zwei Kasperlefiguren. Dann forderten sie alle auf zu singen: «Ich bin mit dir auf deinem Weg, ich bin mit dir auf deinem Weg, mit dir auf deinem Weg, mit dir auf deinem Weg, ich bin bei dir.» Damit war nicht eine übernatürliche Macht, sondern waren die Eltern, Verwandten und Freunde gemeint.

Endlich bekam auch die Frau Pfarrer ihren Auftritt. Sie sagte, dass man sich in dieser stimmungsvollen Kirche besammelt habe für die Taufe zweier Kinder, weil sie so schön sei. Und auch die Taufe sei ein schönes Fest, mit dem man zeige, dass man gewillt sei, die Kinder in die Familie aufzunehmen. Dann rief sie einen vierjährigen Knirps nach vorne, damit er an der grossen Osterkerze zwei Taufkerzen entzünde und sie zu den Täuflingen trage. Es wollte ihm nicht gelingen, denn er wackelte zu sehr, so dass seine Kerzen zweimal erloschen. Also schickte sie ihn an seinen Platz im Mittelgang zurück und steckte die Dochte selber an. Nun folgte noch der eigentliche Taufakt durch die Frau Pfarrer mit temperiertem Wasser «im Namen Gottes und des Sohnes und des heiligen Geistes», wobei sie die übliche Erwähnung des Vaters geflissentlich vermied. Dadurch hing der Sohn etwas in der Luft, denn was ist ein Sohn ohne Vater und Mutter? Aber das fiel den wenigsten auf, und schliesslich blieb das Ganze eine Neuerung auf halbem Weg, denn konsequenterweise wäre ein Formel mit weiblichem Personal angemessener gewesen; Im Namen der Mutter und der Tochter und der heiligen Fantasie. Zum Schluss erklang noch einmal das Hang. Diesmal schwiegen alle und hörten zu, und als es verstummte und man vor die Kirche trat, rühmte ein Mann die fast buddhistische Spiritualität, die es hervorgerufen habe.

Hierauf marschierte die Festgemeinde in Formation zurück zum Fussballplatz und zum Klubhaus, voran die beiden Mütter, dann die Kinder mit ihren Rübenlichtern, und wer singen konnte, sang das alte schöne Lied «Ich geh' mit meiner Laterne und meine Laterne mit mir». Beim Sportplatz angekommen, hängte man die Schirme an ein Gestell unter dem Vordach und betrat den geheizten Klubraum. Die wenigen Kleiderhaken reichten nicht aus für die Mäntel der ganzen Gesellschaft. Also legte man einige davon in einer Ecke auf den Boden, hoffend, dass niemand mit den schmutzigen Schuhen darauf herumtreten werde. Nun entfaltete sich ein schönes Fest. Die Kinder wuselten herum, verlangten zu trinken und wurden dann und wann von ihren Eltern auf den Schoss gehoben. Zum Essen gab es zuerst eine Erbsensuppe mit einem Wiener Würstchen drin, dann gemischten Salat und dazu Schnitten von einem schönen selbstgebackenen Butterzopf sowie verschiedene Halbhartkäse zu Rotwein oder Mineralwasser. Zum Abschluss konnte man sich selber Kaffee eingiessen und sich von den Kuchen, die die Gäste mitgebracht hatten, ein Stück abschneiden. Die Kleinen verhielten sich mustergültig, sie quengelten oder zankten nicht. Sie rannten einander zwar nach und krochen unter den Tischen durch, aber ohne den Grossen lästig zu werden, und weil es nicht so viele Süssigkeiten gab, hörten sie mit Essen auf, bevor ihnen übel wurde. Es war eine gesittete Gesellschaft, die da in kleinen Familiengruppen beisammen sass und plauderte, deshalb gibt es auch über den weiteren Verlauf des Festes nichts zu berichten. Keiner versuchte die andern zu übertönen, niemand stimmte ein Lied an, niemand erzählte anzügliche Witze, niemand trank über den Durst, niemand versuchte seinen Nachbarn zu frotzeln, darum entstand auch kein Wortstreit und schon gar keine Rauferei. Bedauerlich war einzig, dass ein Ofenbauer und Installateur wegen einer Heizungspanne in einem Nachbarort, die ihm über sein Mobiltelefon angezeigt wurde, die Party frühzeitig verlassen musste. Er mutmasste, dass die Reparatur länger dauern und er nicht mehr zurückkommen werde. Folglich bat er seine Freundin, ihn zu begleiten, und verabschiedete sich, indem er unter der Türe beide Hände ineinandergelegt über den Kopf hob und sie schüttelte

Als eine Stunde später alle aufbrachen und bei der Türe noch rasch die Kollektentöpfe fütterten, war die Nacht hereingefallen, Nebelfetzen hingen tief am Berg, es regnete noch immer und war kalt, von den Bäumen fielen grosse Tropfen, aber die Fahrzeuge für den weiteren Lebensweg standen gleich vor der Tür. Die Mütter setzten ihre

Kleinen in die Kindersitze und banden sie fest. Vom Walde herüber ertönte der klagende, tremolierende Schrei eines Käuzchens *«Kiwitt, kiwitt»* und liess alle erschaudern.

Rolf Max Kully, 1934 in Solothurn geboren, aufgewachsen in Grenchen. Nach der Primar- und Bezirksschule Lehrerseminar Solothurn, 1954 patentiert. 1954-58 Primarlehrer in Himmelried. Anschliessend Studium der Germanistik, Latinistik und Philosophie in Basel, Doktorat 1964. Assistent am deutschen Seminar, 1970 Habilitation. Dozent am Deutschen Seminar Basel. 1973 Berufung an die Université de Montréal. 1984 Wahl zum Direktor der Zentralbibliothek Solothurn, daneben a.o. Prof. in Basel. Gründung und Leitung (bis 2002) der Forschungsstelle Solothurnisches Namenbuch. Zahlreiche wissenschaftliche Publikatonen. Verheiratet. Drei Kinder, acht Enkel.

Steinige Liebe

Natalie Marrer

Als ich ihn kennenlernte, war ich jung. Vielleicht war ich etwas zu jung um zu realisieren, was ich an ihm hatte. Unsere Beziehung war durch Turbulenzen geprägt und drohte mich manchmal wie ein starker Windstoss fast von den Beinen zu reissen – ein typisch solothurnischer Wind eben, der den omnipräsenten Nebel in Schwaden über den Himmel jagt.

Getrieben. Genau so fühlte ich mich nach einer Weile. Ich schaute ihn an und fragte mich, ob das, dieses «uns», wirklich für die Ewigkeit sei. Wann merkt man, dass der Zeitpunkt für etwas Neues gekommen ist? Ich wollte ihn nicht vergessen, dafür hatten wir zu viel miteinander erlebt.

Er war so vielseitig und gleichzeitig undurchschaubar. Kaum hatte ich das Gefühl, ihn wirklich in- und auswendig zu kennen, belehrte er mich eines Besseren. Sein Inneres glich einem Labyrinth, in dem ich mich oft zurechtfand und in anderen Momenten verirrte.

Sein Gesicht änderte sich mit den Jahreszeiten. Im Sommer war es einladend und offen, voller Sonnenschein und Gelächter an der Aare. Dann zogen Stürme und Nebel auf, während die Blätter der ihn umgebenden Alleen von den Ästen losliessen und den Boden wie einen goldener Teppich überzogen. Im Winter stampften sich Furchen durch sein bleiches Gesicht und ich suchte Zuflucht vor seiner Kälte. Er war anders und doch irgendwie immer gleich. Er war zuverlässig. Seine steinerne Schulter eignete sich wunderbar zum Anlehnen und spendete Trost. Unsere Beziehung war ein Auf und Ab, wie so viele Gässchen in Solothurn.

Manchmal beneidete ich meine Freundinnen, die ihr Herz irgendwo anders gelassen hatten. Sie schienen glücklich und zufrieden, nicht rastlos. Kaum hatte ich mich entschieden, war es schon vorbei. Ich packte meine Sachen und ging. Ich verliess ihn und zog weg. Ein neues Leben sollte beginnen, welches sich komplett vom alten unterscheiden würde. Pimp my life! Und obwohl ich meine Entscheidung nicht bereute, merkte ich schnell, dass loslassen nie so einfach ist, wie man es sich vorher vorstellt.

«Die erste Liebe ist etwas Besonderes», raunte mir meine Mutter zu, als ich klein war. Ich war nie die grosse Romantikerin und auch nie der Prototyp des Gänseblümchen pflückenden Mädchens, welches in den Himmel blickt und von ihrem Zukünftigen träumt. Träumerin ja, aber immer ohne die Realität aus den Augen zu verlieren. Denn sind Träume nicht oft schön verpackte künftige Enttäuschungen, wenn man zu fest an sie glaubt?

Vielleicht erwartete ich zu viel von ihm. Ich wollte einen zuverlässigen besten Freund, der mich zum Lachen bringt, aber gleichzeitig durch seine Spontanität überrascht. Aufregung, aber trotzdem die ultimative Wohlfühlzone. Hand in Hand, aber ohne mich gegen meinen

Willen in eine Richtung zu zerren. Aber er kannte sich selbst bereits. Er wusste, wer er war. Er hatte es nicht nötig, sich auf eine endlose Suche nach sich selbst zu begeben und sich dabei stetig zu verändern. Ich aber schon.

Wenn man so viel erlebt und gesehen hat wie er, dann erstaunt einen wohl kaum mehr etwas. Er ist älter und weiser als ich. Wahrscheinlich wusste er, dass ich nicht für immer bei ihm bleiben würde. Er hatte schon unzählige Beziehungen hinter sich, die genau so oder ähnlich zu Ende gegangen waren. Unsere Zeit war von Anfang an begrenzt, nur war mir das nicht klar, im Gegensatz zu ihm.

Ich denke an unsere gemeinsame Zeit zurück und merke, wie die Erinnerungen sich mit dem, was ich mir erhofft hatte, vermischen. Der Grat zwischen ehemaliger Realität und verschönerter Erinnerung ist schmal. Aber ist es nicht doch wahr, dass er mir viel beigebracht hat? Dass er mir Dinge gezeigt hat, die nur er mir hätte zeigen können und niemand anderes? Unverwechselbar, unauswechselbar. Das war er für mich und ist es eigentlich immer noch.

Wir verbrachten viel Zeit miteinander. Er hatte diese beneidenswerte Eigenschaft, schweigen zu können, aber durch seine Stille mehr zu sagen als andere mit unzähligen Worten. Sein Schweigen zog sich oft in die Länge wie unsere Spaziergänge in der Verenaschlucht. Dieser Ort hatte etwas Magisches: in der Nähe der Stadt, aber trotzdem eine Welt für sich. Der Bach schlängelte sich durch die Steinmännchen, die in meiner Fantasie nachts zum Leben erweckt wurden und in den dunklen Felsvorsprüngen Verstecken spielten. Ein Ort der Zuflucht, der trotzdem nie nur mir gehörte. Zusammen, aber doch irgendwie noch allein. Magisch, aber doch so echt wie die Steinchen, die unter meinen Füssen knirschten.

Stundenlang sassen wir auf den kühlen Treppen der St. Ursen Kathedrale. Er sprach über Urs und Viktor, die zwar kopflos endeten, aber in Frieden ruhen. Ich wollte an Wunder glauben. Wer ist denn berechtigt, solche Geschichten einfach als Legenden abzutun? Wie deprimierend, wenn man alles erklären muss und bei jedem gescheiterten Versuch sofort vor der Logik kapituliert. Trotz unserer vielen Unterschiede waren wir uns darüber einig, dass es Dinge gibt, die man nicht ergründen muss.

Er sprach nie wirklich von sich, hörte aber immer zu. Ich erzählte ihm von meinen Träumen, den unerreichbaren und greifbaren, den ehemaligen und jetzigen. Und ich sagte ihm, dass ich mich auch kopflos fühlte und deswegen vielleicht nicht wusste, welchen Weg ich einschlagen wollte.

Oft waren wir nicht allein. Es kamen andere, die mich zu verstehen schienen, besser als er. Wir tauschten unsere Träume aus wie früher Murmeln im Kindergarten. Viele davon waren unrealistisch, und er schien das genau zu wissen. Er war selbst kein Träumer, aber trotzdem gab er uns immer das Gefühl, es sei okay. Okay an Unmögliches zu glauben und mit Inbrunst jeden Angriff darauf abzuwehren. Es war, als würde er unsere Fantasien mit den Pflastersteinen in der Stadt vergleichen: uneben und abgenutzt, bereits von tausenden vor uns geträumt und zertreten, aber immer noch standhaft und durch ihren Zusammenhalt stark.

Dieses Gefühl durchflutete mich, wenn ich am Aaremürli sass und die verschiedenen Menschen beobachtete, die sich hier immer wieder zusammenfinden. Es ist der Treffpunkt für Suchende und Gesuchte, Treibende und Getriebene. Gelächter und Tränen werden gemixt wie die legendären Drinks im Solheure, von wo aus das Gelächter wie eine sanfte Melodie über die Aare hinüberweht. Das Summen unserer Stadt, welches für jedes Ohr leicht anders klingt.

Es gibt Plätze an der Aare, die an lauen Sommerabenden im Halbdunkel Zeugen von jungen Menschen sind, die gebannt ins Wasser starren. Neben den geleerten Bierflaschen und verrosteten Fahrrädern unter der Wasseroberfläche gibt es auch Gedanken, die in solchen Momenten ans Ufer geschwemmt werden und nur darauf warten, gefunden zu werden. Genau nach solchen vergessenen Lösungen suchte ich mit ihm. Das Wasser schien seinen Weg und sein Ziel zu kennen. Warum konnte ich das nicht auch?

Ich floh vor seinen schützenden Armen gleich in die nächsten und war überfordert. Von einem Augenblick auf den nächsten war plötzlich alles so anders. Ich fühlte mich fremd. Ich wollte umkehren und zurückrennen, wieder in das Gewohnte eintauchen, welches ich vorher unbedingt hinter mir hatte lassen wollen.

Erst als ich ihn verlassen hatte wurde mir klar, wie vielseitig er eigentlich ist. Kein Tag mit ihm glich dem nächsten. Seine Charakterzüge wirkten oft beengend auf mich, wie die schmalen Seitengässchen, die sich durch Solothurn winden.

Es sind die, welche nur die wenigsten wirklich kennen, aber jeder zu kennen glaubt. Der Durchgang der Veilchengasse ist so schmal, dass sich die Häuser beinahe küssen und sich gegenseitig zuraunen könnten, welche Geständnisse und Hoffnungen unter ihren wachsamen Augen in dieser Gasse geflüstert wurden. Am Ende solcher geheimnisvoller Durchgänge biegt man oft unverhofft in breitere und bekannte Strassen wie die Kronengasse ein, die sich immer verändern, aber doch nie unbekannt wirken. Neue Geschäfte, neue Ideen, neue Menschen, aber ihr Gesicht bleibt immer gleich, als würde man lediglich die schmückenden Hüte wechseln.

Ich verbrachte Stunden damit, mit den Fingern langsam über die raue Haut dieser Stadt zu streichen und die Gassen zu erkunden. Jede davon birgt ihre eigene Geschichte und horcht auf, wenn man seine eigene erzählt. Nur hört nicht jeder zu, so wie ich es auch nicht getan hatte.

Er kämpfte nicht um mich. Er liess mich gehen und lächelte sein krummturmiges Grinsen, während seine aarewässrigen Augen verständnisvoll in die meinen blickten. Viele hatte er schon gehen sehen, aber er wusste, dass wir zurückkommen würden, irgendwann. Ein kleiner Faden der Erinnerung reicht, um das Band nicht zerreissen zu lassen.

Tief in seinem städternen Herzen wusste er, dass ich ihn niemals vergessen könnte. Er war mein Solothurn, meine Heimatstadt. Ich lebe nun woanders, aber was bedeutet das schon? Unser Ende war eher ein Neuanfang. Wir sind nun Freunde und ich habe endlich realisiert, dass ich auch ein Teil von ihm bin, nicht nur er von mir. Wir haben jetzt unsere eigene Geschichte, die allein unsere Handschrift trägt und nur wir so schreiben konnten. Die Frage ist nun: Wo ist Ihr Stift?

2006 erschien der erste Roman «Die Traumkarten» (Cosmos Verlag) von Natalie Marrer, geboren 1991. Im gleichen Jahr erhielt sie für ihre literarische Leistung den Kulturförderpreis Bucheggberg-Wasseramt und schrieb für das Raiffeisen Magazin «Panorama». Seit 2007 verfasst sie eine Kolumne und einen Blog (www.natalies-welt.ch) für die Coopzeitung und studiert seit der Matura 2010 an der Universität Freiburg Jura.

Heimat Solothurn und ein Zuhause da und anderswo

Fritz Dinkelmann

In Derendingen habe ich gelebt, Gerlafingen, in Heinrichswil, Biberist, in Oberdorf, Niederglatt, Biel, Bern und in Zürich. Chronologisch ist das nicht, und möglicherweise habe ich einen Wohnort vergessen, weil die Unterlagen dazu in einem Umzugskarton verschwunden sind. Ein wildes Leben, sagte einmal ein Berliner Journalist mit Blick auf meine Biografie. Ein stilles Kind war ich, antwortete ich ihm, und bin immer noch ein introvertierter Mensch, und ein Abenteurer nur in meinem Kopf. Also kein Reisender wie meine Mutter, die auch mit 85 jedes Jahr weltweit unterwegs ist. Sondern ich wollte immer sesshaft sein, davon überzeugt, dass ich da, wo ich war, für immer bleiben würde. Zuerst war ich in Zürich. Da wurde ich geboren, allerdings nicht als Fritz und auch nicht als Fritz H., sondern als Friedrich Heinrich. Da meine Eltern es aber schon etwas lächerlich fanden, ein Baby Friedrich Heinrich zu liebkosen, heisse ich für meine Mutter seither Fritzli, und mein Vater suchte sein Leben lang Kosenamen für mich. Später nannten mich Freunde Fritzi,

Fritzu, Fritz. Nur zwei Lehrer wollten, dass ich auf den Namen Fridu höre, weil sie wussten, dass ich das hasste. Sie mochten keine Kinder, und ein Friedrich oder Fridu kann kein Kind sein. Für mich sind damit meine miserablen schulischen Leistungen erklärt. Erst als ich im «Kreuz» Chrigu kennenlernte und er mich, obwohl ein Freund, konsequent Fridu nannte, habe ich mich mit dem Passwort-Namen erstmals angenehm vertraut gemacht. Jetzt, Jahrzehnte später, lebe ich in Berlin und viele Leute sagen: Friedrich ist doch ein schöner Name. Er hat Würde, verspricht Grosses und erinnert an Grosse. Bin ich also quasi an mir selbst gewachsen oder gar über mich hinaus? Ich bin ein Kind geblieben, und wenn dieses Kind einmal verloren gegangen ist, komme ich nach Solothurn und finde es wieder. Dass ich in Zürich geboren wurde wie gesagt, macht es in Berlin (da lebe ich jetzt für immer) etwas einfacher. In Zürich geboren, versteht jeder. Solothurn kennt hier keiner, aber das heisst nichts in dieser sogenannten Weltstadt, in der aber kein Mensch Max Frisch kennt oder Peter Bichsel. Bekannt ist nur ein einziger Schriftsteller: Erich von Däniken. Er hat es verdient, dieser in der Schweiz oft belächelte oder arrogant ignorierte, begnadete Phantast und Erzähler von Geschichten, die unsere Welt mit anderen Welten erklärt. Ohne das aber geht es nicht. Die Heimatstadt aus der Ferne zu sehen ist oft schmerzhaft, weil Heimweh ein starkes Gefühl ist. Aber schon in Bern sah ich vieles, was ich in Solothurn nie gesehen hätte, im Nebel. Der Weg von Solothurn nach Bern war im übrigen sehr viel weiter als später der Weg von Bern nach Berlin. Meine Heimat ist Solothurn, da bin ich aufgewachsen. Wobei nicht unwichtig ist, dass ich Doppelbürger bin. Von Solothurn und Hellsau. Weil mein Grossvater aus Hellsau sich einmal auf den weiten Weg nach Solothurn gemacht hatte, da ein Haus baute und Bürgerschreiber der Stadt Solothurn wurde. Ein mächtiger Mann war er, der Stellvertreter des Bürgerammans. Die Einwohnergemeinde war damals vergleichsweise bedeutungslos. Die Begrifflichkeiten belegen den Unterschied. Eine Einwohnergemeinde ist die Verwaltung von Einwohnern. Eine Bürgergemeinde ist eine Bürgergemeinschaft. Darin steckt das Wort «Bürge». In einer Gemeinschaft leben, in der die Menschen füreinander bürgen. Und grade stehen muss, wer Dummes gemacht und das Vertrauen missbraucht hat. Polizei und Justiz spielten dabei keine zentrale Rolle. Fast alles, was zu regeln war, machten die Menschen unter sich selbst aus. Die Bürgergemeinde Solothurn war also damals mehr als eine Behörde, und wäre vielleicht heute ein Vorbild für ein Europa, das in Brüssel von einer EU-«Kommission» verwaltet wird. Entsprechend abstrakt wird von uns dieses Europa wahrgenommen – aber nicht empfunden. Das Internet hat die demokratischen Staaten auf der ganzen Welt erschüttert, weil die Leute plötzlich twittern, facebooken, sich vernetzen und so einflussreich organisieren können, dass die alten politischen Systeme und Regelwerke in Frage gestellt sind. Die Menschen wollen gehört werden, mitreden und mitbestimmen, vielleicht so ähnlich, wie das in Solothurn war, als mein Grossvater dort als freisinniger Bürgerschreiber für die Bürgergesellschaft arbeitete. Er war Turner und auch ein sehr guter Stadtschütze, und an Samstagnachmittagen orientiere er jeweils die Nachbarn, wenn in unserem Garten an der Alten Bernstrasse scharf geschossen wurde. Seither treffen wir, mein jüngerer Bruder Rolf und ich. Beim Zvieri nach der Knallerei gab es Käse, Speck und einen Schluck Schnaps, auch für die Kinder. Und er liebte meine Grossmutter, auch wenn er ihr «Gluggere» sagte. Viele Jahre später habe ich Briefe von ihm gelesen und weiss darum nicht, warum in meiner Familie gelegentlich gefragt wird: Wohär het-er das eigendlich, daas mid-em Schriiebe, üse Fritz? Mein Grossvater konnte grossartig schreiben, auch wenn dieser Patriarch durchgesetzt hat, dass sein Enkel im Namensregister Friedrich heissen soll und nicht nur Fritz, wie sein Sohn. Den Zweit-Vornamen Heinrich akzeptierte er, weil die Walliser-Truffer-Frau seines Sohnes schliesslich auch eine stolze Familie hatte und ein geliebter Bruder von ihr Henri hiess, was auch in Soleure eben Heinrich heisst. Joo, i bi-e- Solodurner, oder heisst es Soledurner? Jedenfalls ein typischer. Als Kind habe ich Biberist immer mit Zuchwil verwechselt, und auch später fand ich es merkwürdig, dass sich jemand aus Olten oder gar Grenchen ebenfalls als Solothurner bezeichnen kann. Der Kanton war nie meine Heimat, es ist die Stadt. Nicht unbedingt die, die meine Mutter als Stadtführerin den Touristen zeigte, sondern das Volkshaus, in dem ich als Jugendlicher erstmals echte Sozis erlebt habe. Meine Stadt ist das Kreuz, mein Wohnzimmer viele Jahre lang, sind die Gassen, in denen ich als Pubertierender an der Fasnacht schöne Mädchen mit Konfettis überschüttete im hormonellen Drang, die Literaturtage, der Untere Winkel, die Alte Bernstrasse. Ich schreibe das im Haus der Bundespressekonferenz in Berlin, mit einem riesigen Atrium. Da ist es so still wie in der Einsiedelei. Heute ist Quinta bei mir. Das Hündchen meiner russischen Frau Zora (jetzt auch Solothurnerin) und mir. Sie sagt ihr Schlampinska. Quinta ist das einzige Lebewesen, mit dem ich in Berlin Sooledurnisch reden kann und verstanden werde. Solothurn ist für mich Jürg, Eva, Börnli (Peter), Rolf D. (†), Vreni, Vrony, J., Jost, Peter B., Aschi (†), Christian (Chrigu), Claudia (Claude), Rolf N., Fippu (Philip), die Paulis, Fränzi, Sandro und Margrit, die für alle andern Miguel heisst, und alle, die ich vermisse.

Fritz Dinkelmann, Solothurner, geb. 1950 in Zürich. Aufgewachsen in Solothurn. Diplom der Schauspielakademie Zürich (damals Bühnenstudio). Deutschlandkorrespondent von SRF Schweizer Radio + Fernsehen und für Zeitungen (St. Galler Tagblatt, Südostschweiz, Landbote). Gerichtsreporter. Schriftsteller. Letzte Publikation «Die Kanzlerin», Roman (2009, Lenos, seit August 2013 auch als E-Book erhältlich).

Gschichte vom FC Poscht

Franco Supino

Wie mir zum FC Poscht cho sii

Üsä Chly, chuum isch är i Chindsgi cho, het är gseit, är wöuw jetzt i Fuessbauklub.

Midwuch am sächsi sig Träning.

«Wenn isch Midwuch?», hed dr Gian Marco gfrogt, «wie mängisch schloofä?»

«Gseesch», het mini Frau gmeint, «das heimer jetzt drvo.»

Sid är es Bébé gsii isch, bin ig mitem a Match. I bi is Stadion vom FC Soledurn, und wärend s'Spüüu gloffe isch, hanig mit em Chinderwage Rundine ums Spüüfäud dreit. S'het gäng so wenig Lüüt bi de Heimspüüu vom FC Soledrun, das got wunderbar.

Spöter, won er het chönne laufe, heimer ä Baue mitgno und hei hingerem Goou tschuttet. No spöter heimer ä Kolleg vo iim mitgno, dr Nicolas, und de hei si Zäme gschpüüt und ig ha chönne luegä.

35

Aber es wär übertribe z'säge, Erschtliga Gruppe Drüü gsächmä vüu. De hani lieber mit de Chline tschuttet. Gnau gno, isch auso dr FC Soledurn tschoud und nid iig. Wenn die Soledurner chli besser würde tschutte, hätte mir zuegluegt und wäre nid uf d'Idee cho, säuber z'schutte.

«Gian Marco, non é possibile. Sei troppo piccolo». Är sig no z'chlii, han ig zuenem gseit. Bim FC Soledurn dörf me erscht mit sächsi is Träning.

Er wöuwi gar nid zum FC Soledurn, het er gseeit. Är wöuwi zum FC Poscht.

«Come? FC Poscht?»

Dr Jannis und dr Romano und dr Luki, wo im grosse Chindsgi sige, tschutti scho dört. Und dr Nicolas heigi gseit, är föngi de au grad aa.

«Sei troppo piccolo», han ig widerhout.

Bim FC Poscht dörfe aui go tschutte, ab nou Joor, heigi dr Jannis gseit. Jede Midwuch, am sechsi, sig Träning. «Wenn isch Midwuch, Papaa?»

Mi Frou het mi chli läng aagluegt. Uusgrächnet Fussbau. Ä richtige Mannesport. Me chönnti sich aus Öutere es originellers Hobby für sis Ching vorstöuä.

Öb är de nid non es Joor wetti warte, han ig im vorgschlagä. Und de grad bim FC Soledurn aafoo?

«Ig wott nid zum FC Soledurn». Dr Gian Marco het afo grännä. «Ig wott zum FC Poscht!» Und är het so fescht brüölet, das mir ne fasch nüm hei chönnä berueigä.

Für iin isch klar gsii: Entwäder FC Poscht oder nüt. Und ig ha nidemou gwüsst, das es dä Club git.

Wiit ussä

Ig ha auso au nid gwüsst, wo dr Träningsplatz vom FC Poscht isch. Drum hanig dänkt, i müöss mou go luägä. Zerscht bin ig afamou zum Stadion vom FC Soledurn. Dasch grad bi üüs ungedraa und het ke Name, das heisst eifach Stadion, het ä Houztribüni, und hingedra ä nigenaguneue Kunschtrase. Hingedraa witeri vier Fussbauplätz. Won i chlii gsi bii, und i bi i dr Weschtschtadt ufgwachsä, hei aui Mannschaftä uf denä Plätz gschpüüt. Aber jetz si die Plätz fürä FC Soledurn reserviert, wo ne profimässigi Juniorenabteilig betribt.

Dr Platzwart het grad dr Rasä gmäit. I kenne iin, s'isch ä Holländer. Är isch scho ewig dr Platzwart. Woner ä Pausä gmacht het, bin ig zunem gange und hane gfrogt: «Dir, früöcher het doch Blustavia do gschuttet.»

Är hat gnickt.

«Und au dr FC Poscht.»

«Ganz früecher.»

«Wo spilä de die jetz?»

«Wiiter ussä.»

Und de het är mir erklärt, i söu derä Stross nochä, zum Schueuhuus, nächer gradus bis zur Endstation vom Bus, und de witer, bis zum letschte Kreisu, und de links.

Näbde Schrebergärte und oberhaub vom ehemalige Schtadtmischt, hanis gfunge: s' Klubhuus vom FC Poscht. Wenn me dürs Toor vor Schportaalag Mittlers Brüeu chunnt, springe eim die verschidene Clubhüsli sofort is Aug. Oberhaup vom FC Poscht isch das vo Blustavia Soledurn. Rechts, näbem Iigang, s'Clubhus vom centro italiano sportivo Solettese. Beidi mit Beizli. Ufem Übersichtsplan gseet me, dass auno angeri Clüb do träniere: Türkischer SC Solothurn, HNK Croatia, F.K. Bratsvo und d' Associacion de Trabajadores Espanoles Emigrantes en Suiza.

Vo dene Clubhüüsli uus gseet me wiit use id Ebeni, me gseet Heckene am Bach und a de Entwässerigsgräbe noche. Me gseet dr Aareverlauf. Hinge dr Aare dr Buechibärg. E Wiiti, wie me se schüsch bi üüs niene gseet. Und wenn me sich umdreiht, gäge Norde, gseet me dr ganz Juraboge bis zum Chasseral.

Nume d'Katedrale, vo me süsch überau gseet, isch verdeckt. S'het zvüu Blöck drzwüsche. Blöck, wo fasch numä Ussländer drin woonä.

Mir isch i Sinn cho, dass do es Projekt Quartierentwicklig lauft. Wo vüu Ussländer wohne, isch s'Quartier problematisch – schüsch würde jo nid so vöu Usländer dört wone.

Sisch gägä Oobä gsii. Spiler si cho träniere. Hündeler si is Clubhüsli eis cho zieh. Döu hei au gässe. Ä Wurscht oder ä Nussgipfu. Chlyni Ching hei unger de Böim Ziggi gschpüüt. Jugändlichi usem Quartier hei i Jeans und Sockä ufnes Gou tschuttet.
Ig bi abghocket und ha öppis drunkä.

Dress machä Fuessbauer

S'erschte Träning bim FC Poscht, uf dr Sportaalag im Mittlere Brüeu, Midwuch am Sächsi, isch amene trüabä Tag gsii. S'het chuttet vo aunä Site. Wenn's chuttet, de chuttets do usse, wo's weder vo Weschte noch vo Oschte Hüser, es Wäudli oder süsch öppis het, wo d' Luft abhautet.

Dr Träner vo de F Juniorä isch ä Tränerin gsii. Ig harä d'Hang gää. «Mariann», het si gseiit. «Die erschti Tür rächts, das isch Kabine fürs F. Und Schuehbändu guet bingä!»

Nachem umzieh si die Buebä und Maitschi, äui zwüsche 6 und 8, i ihrne Dress vorem Klubhüsli gschtange. Dr Gian Marco het es Dress vor italiänische Nationalmannschaft aagha. Ufem Rügge stoht 10 und

Del Piero. Im Del Piero sägime z'Italie Pinturricchio – wie dr berüemt Moler. Wöw dr Del Piero mitem Bauä so gfüöuvou cha umgoo wie dr Pinturricchio sinerzit mitem Pinsu. Das han ig im Gian Marco und de angere Ching, vo umgschtange si, verzöut. Si hei mi chli läng aagluegt. Niemer het dr del Piero kennt, gschwige de dr Pinturicchio. De ischs losgange und ig ha zuegluegt. Me isch öpper imene Dress, öpper angers, ischmer uufgfaue und mir isch dr Giorgio i Sinn cho, wo aui Fuessbauer uf dere Wäut scho persönlech troffe het. Mir het dr Giorgio einisch verzöut: dr Del Piero würde eim nid uffaue, wenn me ne uf dr Schtross würd gsee. So zrügghautend wiener würke, sig er au. Ender chlii miteme Meter 73. Dr Chopf immer gäg abe. Da chönni z'Turin is Stadion und kene würdne erkennä. Är schwöris. So bescheidä trätti är uuf. Erscht wenn er sis Dress aaheig und iilaufi, de siger s'Zäni, de sig är dr Del Piero, il vero fenomeno.

Zersch hanig nachere Schtung wöuve widercho, um üsä Chlii abzhole. Aber i bi blibä, s'ganze Träning, und ha zuegluegt. Was ig do gsee gha, si keni Ching. Si Fussbauer gsii, wie bim FC Soledurn, wie bi Barcelona. Wenn die glychä Ching uf der Schtross gseesch oder i dr Schtadt, sis Ching. Aber wenn si miteme Dress aufem Fäud schtöö, de si si Fussbauer. Und numä denn. Wie dr Del Piero.

Zueschauer

Dr Fussbau kennt einigi Problem. Eis drvo si Zueschauer, wo sech nid chöi benä. Au dr Chinderfuessbau wird leider nid drvo verschont. Bi de F Juniorä sis nid Huligäns, wo Problem mache, sondern d' Öutere. Nid aui Öutere, aber döu.

I bi säuber so ne Vatter. Eine wo am Spüüfäudrand stoht und sech uufregt. Weni gsee, dass dr Gian Marco wider eigesinnig mit em Baue richtig Gou secklet, und dribblet und dribblet, bis är dr Bau verlüürt. De hoop ig de aube inä: «Ma passala quella palla, dio mio!»

D Lüüt um mi ume verschtöh mi nid. Vor auem verschtoh si nid, dass me aus Vatter so umeschreit.

Und si hei rächt.

Dasch aube eis Gschrei. Dr Träner vor dr einte Mannschaft rüeft ine, da vo disarä git au Aawisigä. Do meint ä Vatter öppis, dört an angärä s'Gägatöu. D' Ching schreiä zrugg. Wenn's es Foul git, hope die Grosse und die Chlynä fö afo grännä. Nume d'Schiris, da si meischtens C Juniorä, getrouä sich nüd z'sägä.

Und wenn me sich nid im Griff het, eskalierts. Nid öppe ufem Fäud, sondern ar Siitelinie, zwüsche de Öutere.

S'isch gägä ä Club usem Nochberdorf gsii. S'Nummer nüni, e flinkä Gieu mit ere Mäne, isch eim vo üs hinge i d'Bei. Das het sicher weh do, aber är hets nid äxtra gmacht, heimer aagnoo. Hang gä und entschoudigä, heimer inägrueffä. Nüüt, nidemou umdräit het sich s'Nüüni. Üsi Träner bringe de Ching bi, sich z'entschoudige, wen si es Foul machä. Aber dr Träner vom Nüüni het nüüt drglycho do.

Chum isch Spüüu witer gange, isch s'Nüüni im nöchschte vo üüs hinge drii. Dr Sämu, es Lamm vomene Mönsch und im Bruefsläbe e iffiöusame Pädagog, het sech nümm gschpüürt. «Jets längts de, du Foulisiech», het er iim zugrueffä.

Jetzt muoss me sich vor Auge füörä, dass der Sämu 1 Meter 85 gross und nünzg Kilo schwär isch und da Bueb öppä sibni.

Dr Träner vor angere Mannschaft het afo üsrüöffä. D'Öuetere au. Wasem i Sinn chiem, es Ching däwä go aaschreiä?

«Wenn dir iim kei Aschtang biibringet», het dr Sämu zrugggä.

Me isch ufnang los. Angeri si drzwüsche. S'isch zum Glück bi paar wüöschtä Wort blibä.

Zobe sig s'Telefon bim Dirk, äm Juniorenobmaa, heiss gloffä.

D'Wuchä druf, am nöchste Turnier, het sich d' Mannschaft vom Nüüni geweigeret, gägä üüs aazträttä. Das heisst, d'Ching hättä scho gärn tschuttet. Aber d'Öutere hei gseit. «Solang dä», – und si hei ufä Sämu zeigt – «solang dä am Spüüdfäurand stoht, geit kes Ching vo üüs ufä Rasä».

Dr Sämu het d'Arme id Luft gstreckt und het gseit. «Scho guet, ha sowieso wöwe es Kafi go trinkä.» Und so isch de das Spiüü mit verschpötig doch no losgangä.

Franco Supino, geb. 1965 in Solothurn, lebt in Solothurn. Zahlreiche Publikationen, sein jüngster Roman «Wasserstadt – Träume, Geld und Wirklichkeit» (kwasi verlag 2013) nimmt Bezug auf das umstrittene Projekt Wasserstadt-Solothurn. www.francosupino.ch

Der Reisebericht
eines Liebesflüchtlings

Sami Daher

In der Psychiatrischen Klinik Rosegg fand er endlich etwas Seelen-
ruhe. Er nahm sich alle Narrenfreiheiten und konnte alles erzählen,
was ihm gefiel. Er wurde immer gehört, aber keiner konnte wirklich
erfahren, was ihn hierher verschlagen hat. Seinem Psychiater erzählte er immer wieder die gleiche seltsame und unglaubliche Geschichte von seiner Schweizer Geliebten, die ihn wegen ihrer Sehnsucht
nach Schwarzwäldertorte beim Hofer und gebratener Cervelat im
Wald verlassen hatte:

Meine Familie war sehr froh, dass Sie wieder in die Schweiz zurück-
geflogen war. Mein Vater lieh mir sein Auto aus. «Du musst sie vergessen», sagte er. «Mach doch ab und zu eine Fahrt ausserhalb der
Stadt. Du solltest Tapeten wechseln, andere Luft schnuppern, das
erleichtert dir deinen Liebeskummer zu vergessen.»
    Eines Tages war ich im Auto eingeschlafen. Plötzlich bewegte sich
das Auto. Ich bemerkte im Schlaf, dass ein Unbekannter es fuhr,
ohne meine Zustimmung.

Während ich mich anstrengte, ein Auge zu öffnen, fuhr das Auto immer schneller. Mit grosser Mühe konnte ich das linke Auge öffnen. Da sah ich, dass hinten die Seitentüre fehlte. Ich stellte beängstigt fest, dass ich in einem Fahrzeugwrack sass. Durch die hintere Türöffnung zog die Landschaft meiner Heimat vorbei. Das Auto fuhr an einem Berghang auf einer schmalen, kurvenreichen Strasse, an deren Rand der Hang steil abfiel. Als ich dies realisierte überwältigte mich die Angst, in die Tiefe geschleudert zu werden. Als ich endlich beide Augen offen hatte sah ich unterhalb der Strasse die Dörfer und Städte meiner Heimat wie im Flug vorbeirasen. Ich richtete meinen Blick auf den Fahrer, einerseits, um ihn zu bitten zu stoppen und anderseits, um ihn zu erkennen. Ich wollte wissen, wer mich so rasend in das Unbekannte führt. Mir gelang weder das eine, noch das andere. Meine Stimme versagte vor Angst. Ich habe sie selbst kaum gehört, auch wegen des Lärms, welchen der Luftdurchzug verursachte. Er wurde umso stärker, je schneller das Auto fuhr. Der Durchzug riss mich immer weiter nach hinten und schleuderte mich nach kurzer Zeit aus dem Fahrzeug heraus. Da fand ich mich auf einer alten Bauernkutsche wieder, ohne schützendes Geländer, ohne Bestuhlung. Die Kutsche wurde von demselben kaputten Auto weiter gezogen, aus dem ich zuvor herausgeschleudert worden war. Es fuhr schneller und schneller. Mit den Händen griff ich in die Spalten zwischen den Holzbrettern, an die ich mich mit aller Kraft klammerte. Zu meinem Schrecken sah ich, wie sich die Kutsche vom Auto abhängte, vom Boden abhob und zu fliegen begann. Wer dies bewerkstelligte, entzog sich meinem Wissens. Mit dem Gesicht nach unten, auf dem Kutschenboden liegend, konnte ich durch die Spalten schauen. Plötzlich verwandelten sich die Holzbretter der Kutsche in farbige Wollfäden. Der hölzerne Kutschenboden wurde zu einem fliegenden Teppich, der ebenfalls ein Wrack war, durch dessen Löcher ich die Landschaft unter mir sah. Mit einem Teppich zu fliegen, war für mich alles andere als ein Vergnügen. Ich meinte, ich wäre schon erledigt und würde bald sterben. So ergab ich mich in mein Schicksal. «Zur Hölle mit dir!», sagte ich zu mir. In diesem Moment kam es mir vor, als wäre es Uzrayin (Azrael), der Todesengel persönlich, der mich auf diese Höllenfahrt führte. Ich hörte so was wie Peitschenhiebe heftig auf den Teppich schlagen und dachte, meine letzte Stunde sei gekommen. Ich legte meine Seele bedingungslos in die Hände Uzrayins und fiel für eine Weile in einen tiefen Schlaf. Als ich wieder aufwachte, sah ich weder den Teppich unter mir, noch hörte ich Peitschenhiebe. Stattdessen sah ich eine Landschaft, die mir völlig fremd war. Die Sicht war an jenem sonnigen Frühlingstag völlig klar. Lauter Berge lagen unter mir. Der Schnee bedeckte alle Gipfel mit reinem Weiss. Ich flog über sie, ohne Flügel und ohne einen einzigen Muskel meines Körpers zu betätigen. Nicht einmal konnte ich meine Arme ausbreiten. Bewegungslos und starr flog ich über weite Strecken dieser Landschaft. Ich fragte mich immer wieder: «Lebe ich noch, oder sehe ich diese Landschaft aus dem Jenseits?» Noch mehr quälte mich die Frage, wer mich in diese Höhe und über diese weiten Strecken fort trug. Nach diesen verzweifelten Fragen ohne Antworten und nach so langer Zeit, in der ich meinen Körper kaum wahrnehmen konnte, spürte ich den Griff eines Arms unter meinem Bauch. Mir schien, als ob eine mächtige, unsichtbare Gestalt mich unter seinem Arm trug, zu der ich nur langsam und mühselig Vertrauen gewinnen konnte. Allmählich war ich sicher, dass sie mich nicht in die Tiefe fallen lassen würde. So löste ich mich nach und nach aus meiner Angststarre, und ich freute mich, endlich meine Arme, meine Beine, meinen Kopf und meine Augen zu bewegen. Und noch mehr freute ich mich, als ich entdeckte, dass ich meine Wünsche auf diese unbekannte und rätselhafte Gestalt übertragen konnte. Dadurch konnte ich meine Flugausrichtung selber steuern. Mit der Zeit hatte ich das Gefühl, als wäre ich mein eigener Herr geworden.

Ich staunte über die Schönheit der Natur, die ich nie zuvor gesehen hatte und die mir nun wie das Paradies vorkam. Soviel Grün und soviel Wasser hatte ich noch nie gesehen. «Welches Glück haben die Bewohner dieses Landes», sagte ich mir. «Wem wurde dieses Land zuteil? Welcher Gott hat diese Menschen beglückt? Dieser Gott muss ein wahrhaftiger Gott sein.»

Um die Menschen etwas besser zu betrachten, flog ich etwas tiefer. Ich begann Bauern zu erkennen, die ihre Felder bestellten und andere, die ihre Kuhherden in die Berge führten oder ihre Wiesen mähten. Ich flog weiter über die Dörfer und Städte und sah, wie gut sie gebaut waren. Die Menschen schienen überall in Sicherheit zu leben. Nichts schien sie zu gefährden. Weder Krieg noch Armut. Weder Dürre noch Hunger. Weder Arbeitslosigkeit noch Wirtschaftskrisen. Weder ein Emir noch ein despotischer Sultan oder ein fremder Eroberer machte ihr Leben zur Hölle. Ich flog weiter über viele Berge, Täler, Ebenen, Flüsse, Seen, über viele Dörfer und Städte. Über einer der Städte wurde ich auf besondere Art und Weise auf das glückliche Leben ihrer Bewohner aufmerksam. Aus der Höhe meines Fluges hörte ich, wie diese miteinander über ihre Stadt redeten. Wie sie ihre Altstadt liebten, vor dem Zerfall bewahrten und belebten. Es kam vor, dass sie von einer Zahl sprachen, welche ihre Stadt auszeichnet. Sie sprachen von elf Brunnen und elf Kirchen, was mich zum Nachdenken zwang. Daran, wo und durch wen ich so was schon gehört hatte, konnte ich mich nicht erinnern.

Ich genoss die Sicht von oben und wartete gespannt darauf, mehr zu erfahren, jedoch ohne den kleinsten Wunsch zu spüren, landen zu wollen. Mein Flug wurde mir sehr lieb und so selbstverständlich, dass ich meine Sorgen und all die Strapazen und seltsamen Umstände vergessen hatte.

Und wie ich so genüsslich schwebte, konnte ich so vieles auf Distanz beobachten. Eine fein uniformierte Frauentruppe in Blau lief umher, als ob sie auf einer Mission wäre. Ich beobachtete sie anfänglich, ohne zu merken, dass sie hinter mir her liefen. Überall wo ich flog, folgten sie mir auf den Strassen der Stadt und schwenkten ständig ihre Arme in meine Richtung. Erst nach einiger Zeit verstand ich ihre Absicht. Mit Zeichen gaben sie mir zu verstehen, dass sie mich meinten. Ich dachte: «Es ist das erste Mal, dass mich in diesem Land jemand bemerkt. Ach.., wie gut ist es wahrgenommen zu werden. Ich existiere also noch.» So winkte ich diesen Frauen zu. Sie forderten mich durch ein Zeichen auf, zu landen. Ich flog näher an sie heran, um laut zu fragen, was sie von mir wollten. Eine der Frauen, sie schien die Chefin zu sein, sagte: «Komm runter. Wir haben etwas Wichtiges für dich, etwas, das du verloren hast, oder besser gesagt, Zeit deines Leben vernachlässigt hast. Da fragte ich mich: «Was habe ich in diesem Land denn verloren? Ich habe den Boden dieses Landes noch nicht einmal berührt. Das ist sehr suspekt. Und woher soll diese Frau wissen, dass ich etwas vernachlässigt habe? Sie kennt mich ja nicht.»

Ich wollte weiterfliegen, doch alle Frauen riefen mir nach und warnten mich: «Wenn du jetzt weiterfliegst, bist du für immer verloren, und der ganze Inhalt deines Rucksacks, den du trägst, geht mit dir verloren.»

Ich staunte, dass sie von meinem Rucksack sprachen. Ich hatte ihn selbst nicht wahrgenommen. Plötzlich fühlte ich sein ganzes Gewicht auf meinem Rücken.

Ich schaute zurück zu den Frauen und fasste den Mut, auf sie zuzugehen. Da schien es mir, als ob ihre Chefin ein Kamel an der Leine führte. Ich freute mich, endlich etwas Heimisches zu sehen. Ich flog tiefer und näherte mich der Chefin an. Zu meiner Überraschung erkannte ich in ihrem Gesicht die Züge meiner Geliebten. Endlich wusste ich, wer mir von dieser Stadt mit der 11er-Zahl erzählt hatte. Es war die Geliebte und das war wohl ihre Stadt gewesen. Ach wie schön. Endlich kann ich sie wiedersehen. Und tatsächlich, ich stand vor ihr und wollte sie küssen, doch sie blieb mir auf Distanz und drückte mir sofort die Zügel des Kamels in die Hand, ohne mich zu begrüssen. Zu meinem Erstaunen und zu meiner Enttäuschung zugleich, stellte ich fest, dass ich die Leine eines Hundes in der Hand hielt. Und ohne Weiteres und ohne Erklärung hatte sie sich unverzüglich von mir abgewandt. «Hey, wo gehst du hin und was gibst du mir da?», schrie ich ihr verständnislos nach. «Einen Hund gibst du mir? Zuerst hast du mich wegen einer Torte und einer Wurst verlassen, dann unterbrichst du meinen wunderbaren Flug über dieses Wunderland und holst mich auf den Boden, ohne unser Wiedersehen mit einem einzigen Kuss zu würdigen, um mir schliesslich einen Hund zu überlassen. Einen Hund? Was fällt dir eigentlich ein?» «Dieser Hund ist deiner!», sagte sie mir trocken. «Vernachlässigst du ihn weiterhin, findest du weder den Weg zu mir, noch zu dir. Lerne endlich für ihn zu sorgen, sonst bist du verloren.» Darauf verschwand sie, gemeinsam mit den übrigen Frauen. Erstaunt und benommen blieb ich wie festgenagelt sitzen, dort wo ich gelandet war. Fliegen konnte ich nicht mehr. Der unverhofft neu gewonnene Hund liess mich am Boden fest haften. Eure verehrte hochgelobte Stadt wurde nach meiner ewigdauernden Reise meine letzte Flugstation und mein Schicksal.

Mein Staunen damals über diesen Start mit dem Hund konnte kaum grösser sein. Seitdem ich jedoch «einen Vogel habe» und mich in eurer Klinik befinde, staune ich nicht mehr. Solange bin ich auf dem Hund gewesen, erschöpft, ermüdet, ein einsames und trostloses Leben führend und nach Zuwendung lechzend. Jetzt staune ich einfach nicht mehr, jetzt staunen Sie, Herr Psychiater. Ob Sie es glauben oder nicht, das ist meine wahre Geschichte.»

In der Ecke des Büros des Klinik-Psychiaters knurrte ungeduldig ein müder, ziemlich alter Hund, als wolle er die gerade erzählte Geschichte bestätigen, um bald danach wieder Gassi gehen zu können.

Sami Daher, geboren 1959 in Nazareth Palästina (Israel), Gymnasium in Nazareth. 1981 Immigration in der Schweiz. Seit 1986 in Solothurn tätig. 1989 Psychiatriepflege Diplom im Rosegg (Kantonale Psychiatrische Klinik) Solothurn. 1992 Schweizer Bürgerschaft, seit 1997 selbständig und Gründung der Pittaria Solothurn. Wohnhaft seit 2002 in Solothurn.

Heimisch werden

Silvano Cerutti

Mit Kleinstädten verhält es sich wie mit Medizin: Es ist eine Frage der Dosis. In Grossstädten geht man verloren, in Kleinstädten wird man verhaftet. Dann ist man auch verloren. Und begreift ganz ohne Camus, dass die anderen die Hölle sein können. Etwa bei geisterhaft absurden Sätzen wie jenem, dass einer nach Zürich gezogen sei «und dort ist er schwul geworden». Ja, ich kann den Umzug verstehen und nein, das spricht nicht gegen Zürich, im Gegenteil.

Ich habe meine Kindheit und Jugend in verschiedenen Dörfern des Kantons Zug verbracht. Als ich Mitte der Neunziger in die Stadt Zug zog, machte das einen Unterschied. Nur dort spielte die Musik (im wahrsten Sinn des Wortes), die mich interessierte. Nur dort traf ich meine Freundinnen und Freunde ohne mühsame Anreisen und – vor Mitternacht! – viel zu frühe Abreisen. Vorbei die Zeit, jubelte ich, in der ich mir im Nachhinein erzählen lassen musste, welche Höhepunkte menschlichen Sozialverhaltens ich wieder verpasst hatte.

Wie lange habe ich ausgehalten. Drei Jahre? Vier? Danach hatte ich die wenigen Ecken, mit denen meine jugendliche Borniertheit etwas anzufangen wusste, bis in den letzten Millimeter ausgemessen, die Langeweile des immergleichen hinterliess verätzte Flecken auf dem Gemüt und die Zuschreibungen von Bekannten, wer und wie ich nach ihrer Meinung zu sein hätte, fühlten sich je länger je mehr wie eine Fessel an.

Ich zog nach Zürich, wo ich mir während vier Jahren nicht einmal Bisexualität zuzog. Aber genug der billigen Scherze. In Zürich fand ich noch mehr von der Musik, die mich interessierte und die Anonymität, die ich zum Entgiften brauchte. Für einen Moment, nehme ich an, war ich ganz bei mir selbst. Nur eben, die Dosis. Am Schluss war die Sinnlosigkeit anonymer Ungebundenheit ähnlich unfruchtbar wie der Kampf gegen Zuschreibungen, wer ich zu sein hätte. Immer nur ganz sich selbst sein? Ich finde, es ist eine ziemliche Herausforderung, sich dabei so gut zu halten, dass man nicht obsolet wird.

Und dann tauchte die Liebe auf (wer sonst?), zog mich nach Solothurn und ich kam, in der Hoffnung zu bleiben. Bis jetzt hat's geklappt.

Solothurn heute ist knapp kleiner als das Zug meiner Erinnerung. Vielleicht 1000, 2000 Seelen weniger (und mit den umliegenden Gemeinden schon so gut wie verwachsen, das fällt kaum auf). Eine gute Grösse, finde ich, um Teil zu haben und sich trotzdem zurückziehen zu können. Eine gute Grösse, eigentlich, um Anschlüsse zu knüpfen ohne deshalb für den Weg zur Migros eine Dreiviertelstunde zu benötigen, um sämtliche Bekannten unterwegs gebührend zu grüssen. Eine gute Grösse für die richtige Dosis.

Ich kam auf Zehenspitzen nach Solothurn – übertragen gesprochen. In Wirklichkeit kam ich so verschwitzt, müde und mit Flüchen auf den Lippen an, wie jeder, der an einem sehr warmen Tag feststellen muss, dass sich der eigene Gerümpel kaum in einen Laster bändigen lässt und dann auch noch in den dritten Stock getragen werden will.

Meinem neuen Daheim trug ich mehr Sorge als meinen Bandscheiben. Gründe für die Vorsicht hatte ich viele. Kommt man von aussen in eine (verhältnismässig) kleine Gemeinschaft, lauern überall die Fettnäpfchen und Gärtchen, in die man ohne Absicht tritt. Das gibt Flurschäden, die man erst nach Jahrzehnten wieder aufgeforstet hat. Und meine restlichen Gründe zur Vorsicht stellten sich als Denkfehler heraus.

Auch in katholisch geprägten Kleinstädten wie Zug oder Solothurn hat der Wind gedreht, seit der Kalte Krieg geschmolzen ist, das Internet die Welt auf den Computer holte und die SBB Zürich näherrücken liessen. Ein bisschen mehr laisser faire hat sich ausgebreitet, ein bisschen mehr Glück nach eigener Façon wird erlaubt – zumindest wenn die Verwandtschaft nicht im gleichen Quartier wohnt und dafür sorgt, dass man Peinlichkeiten, die man vor 25 Jahren begangen hat, nicht vergisst.

Oder hängt meine heutige Gelassenheit gegenüber Kleinstädten damit zusammen, dass sich mein Tagesrhythmus inzwischen um mehrere Stunden in den Morgen vorverschoben hat? Dass ich die emotionalen Dramen nach Mitternacht regelmässig verschlafe und erst noch ohne das Gefühl, etwas verpasst zu haben? Oder ist es nur – ganz banal – weil Solothurn nicht Zug ist?

Die Reuss, liess ich mir neulich sagen, bildet eine Grenze, was die Verwendung von Flüchen angeht. Ich bin definitiv auf der fluchfreudigen Seite aufgewachsen, wo selbst der Ausdruck des Entzückens in ein spontanes, vom dunklen Zuger A beschattetes «jo du

Verrecktige» mündet. Hinter der markigen Ausdrucksweise verbirgt sich allerdings keine robuste Gleichgültigkeit, sondern im Gegenteil eine ausgeprägte Empfindlichkeit. Reine Kritik an der Sache ist in Zug kaum möglich. Irgendwer fühlt sich immer persönlich angegriffen und wird einem die Kritik auch noch lange nachtragen. Im emotionalen Minenfeld der Innerschweiz lernt man mit der Zeit jene Diplomatie, für die sich die Ambassadorenstadt Solothurn rühmt.

In Solothurn wird weniger geflucht, in Solothurn ist man sogar fast schockierend freundlich für einen, der die minimalistischen Sitten im Zürcher Detailhandel gewöhnt ist. Doch wird hier offener gestritten als in Zug und vielleicht – ich hoffe es! – sogar ein bisschen grosszügiger. Jedenfalls hat mir noch niemand alte Geschichten nachgetragen wie ein Hund sein zerkautes Stöckchen.

Es hat mich in Solothurn auch kaum jemand gefragt, wie es mir hier gefällt. In Zug ist das eine der ersten zwei Fragen, die Fremden gestellt werden. Es hat mich hier auch kaum jemand gefragt – ich musste mich daran gewöhnen – was ich arbeite. Das ist in Zug die andere der beiden Fragen. Hier hiess es: «Wer bist du?» Wenn ich aus alter Gewohnheit von meinem Beruf erzählte, erntete ich irritierte Blicke.

Warum das so ist? Ich habe bloss Vermutungen. Etwa dass Solothurn dank höherer Steuern ein gesundes Selbstbewusstsein hat. Es ist keine Provinzstadt, die mit tiefen Steuern Expats angelockt hat, welche Weltstädte gewohnt sind und ihr dauernd den Spiegel vorhalten, eben doch nur Provinz zu sein. Die mit dem schönsten Sonnenuntergang, von mir aus, aber nicht London, Berlin, Paris. Solothurn hat sich nicht mit dieser fatalen Verzweiflung von einer Steuerpolitik abhängig gemacht, die sich im Alltag wie selbstverschuldete Erpressung anfühlt (zöge Zug die Zügel an, zügelten die Zugewanderten). Dafür findet man rund um die Beamtenstadt Solothurn – und entgegen der soziologischen Theorie, es seien die Katholiken dafür weniger begabt als die Protestanten – überraschend viele Industriebetriebe in der Umgebung. Wer wirtschaftlich breit abgestützt ist, kann sich auch einen breiten Rücken leisten?

Natürlich schimpfen die bürgerlichen Parteien über mangelnde Geschwindigkeit bei der Wirtschaftsförderung und generell über die «Steuerhölle» Solothurn. Immerhin hat das den Ort vor der Zuger Tragödie bewahrt, welche die Stadt und die Mieten wie Popcorn explodieren lässt, den eigenen Mittelstand ins Exil vertreibt und Institutionen des Zusammenlebens auslöscht. Stellen Sie sich vor, in Solothurn schlössen innert eines Jahres das Kreuz, die Wirthen und die Kreuzen. Wohnen in der Altstadt wäre ohne Monatseinkommen im fünfstelligen Bereich nicht mehr möglich und die Bewohner, als aeronautische Städtependler mit ihren Rollkoffern fest verwachsen, würden durchsetzen, dass um Mitternacht absolute Ruhe zu herrschen hat – gilt auch für Rollkoffer auf Pflastersteinen und während der Fastnacht! Und wenn der Preis dafür eine gewisse Wurstigkeit ist: Bitte versuchen Sie kein zweites Zug zu werden. Es hat mir schon einmal das Herz gebrochen.

Ich setze meine Hoffnungen, dass alles gut kommt, allerdings aufs Solothurner Tempo, von dem die Berner witzeln, es sei langsam. Das stimmt so nicht, ich habe als Pendler den Vergleich. Aber die in Zürich angewöhnte Gehgeschwindigkeit machte mich in der Solothurner Fussgängerzone anfangs zum öffentlichen Ärgernis. Zugegeben, der Ärger beruhte auf Gegenseitigkeit. Heute schützt das Tempo mein zappliges Gemüt vor geistigen Kurzschlüssen.

Ist Solothurn nun besser als Zug? Ohne Rücksicht auf die Innerschweizer Diplomatie zu nehmen, würde ich sagen: nein. Ich bin hier gut angekommen, das ist nicht selbstverständlich, an keinem Ort in der Schweiz. Aber hätte meine Liebste im übertragenen Sinn nicht für mich gebürgt, hätte auch Solothurn sehr abweisend sein können, freundlicher im Ton vielleicht aber genauso von Scheuklappen behindert wie Zug. Ich weiss nicht, warum wir Schweizer uns heute noch so schwer tun mit Zuwanderern (und zugewandert ist ja alles ab sieben Kilometern Entfernung vom eigenen Bauchnabel). Vielleicht liegt es an den Nebeln des Mittellands.

Weil eines noch: Als ich sagte, ich würde nach Solothurn ziehen, konnten es die Zürcher, die Zürich kaum je verlassen, natürlich nicht verstehen. Als sie merkten, dass meinen Abwanderungsgelüsten mit Lokalpatriotismus nicht beizukommen war, verwiesen sie mich entgeistert auf den Nebel. Dazu soviel: Die Nebel des Zugersees haben einen weit bescheideneren Ruf, sorgten aber für die ausdauerndste und dichteste Nebelphase, an die ich mich erinnern kann. Nebel hat es zudem – das weiss ich als ehemaliger Pendler Richtung Zürich – im ganzen Mittelland in grosszügigen Mengen. Wohin sollten sie auch entweichen, eingeklemmt zwischen dem Jura und den Alpen? Und während jener extremen Nebelperiode, in der sie am Radio Feinstaubwarnungen fürs ganze Mittelland ausgaben, wohnte ich in Zürich unter der Autobahnauffahrt.

Bin ich heimisch geworden in Solothurn? Manchmal denke ich, Heimat ist nicht nur eine Frage der Dosis, sondern auch welche Klischees man sich aussucht. Ich habe mich für meine entschieden.

Der Autor und Journalist Silvano Cerutti (*1973) ist im Kanton Zug aufgewachsen. Er lebt seit rund zehn Jahren in Solothurn. In seinen Büchern hat er sich mehrmals mit helvetischen Befindlichkeiten beschäftigt. www.silvanocerutti.ch

Die Kundschaft der Coiffeuse Graziella

Gisela Rudolf Salzmann

Nach zu viel Schnaps, gestern, verschläft sich der alte Grantig. Er ruft Graziella an, «ich komme, bin schon unterwegs!»

Verdammt, heute ist ja Märet. Und ausgerechnet im Gedränge des Mittwochmarkts eine Stadtführerin mit Touristen! In der hinteren Gasse auch noch die Müllabfuhr, und den restlichen Platz versperrt eine dicke Schwarze mit ihrem schreienden Kind. Asylantenpack! Klar: Wieder die halb auf dem Trottoir parkierten Autos! Wann endlich bekommen diese Idioten eine Busse?!

Ausser Atem erreicht Grantig den Salon: «Buon giorno Graziella!»

«Ah, da sind Sie, bitte, nehmen Sie Platz.»

Während ihm die Coiffeuse den Schweiss abtupft, betrachtet sich Grantig im Spiegel, Todesangst überkommt ihn: *Ein paar schnelle Schritte – und schon so ein roter Grind ... Graziellas Grossvater ist ja auch am hohen Blutdruck gestorben; arme Cheib, nichts als gekrampft hat er, und kaum hat die Enkelin seinen Laden übernommen, beisst er ins Gras.*

«Herr Grantig, möchten Sie ein Glas Mineralwasser?»

«Danke, es geht. Aber auf diesem Saumäret war mal wieder kein Durchkommen, und dann stellen sich einem noch Neger in den Weg, es ist ...»

«Neger darf man doch nicht mehr sagen!»

«Was darf man in der Schweiz überhaupt noch! Tempolimiten, Rauchverbote, Alkoholkontrollen an jeder Ecke, aber die Falschparkierer, diese Egoisten, büssen sie nie, die ...»

Graziella schmiert dem Aufgebrachten den Rasierschaum dick über die Lippen, so dass er schweigt. Nach der Rasur beugt er sich vor und kontrolliert mit flachen Händen kritisch die Rasur. Der Hauch des Lächelns dauert kurz. Seit der Preiserhöhung gibt er kein Trinkgeld mehr.

Vor der Tür kreuzt er wortlos eine eintretende Asiatin, der Coiffeuse wohlbekannt: jeden Mittwoch Waschen-Föhnen.

Beim Föhnen klagt die aparte Frau einmal mehr über den «Solothurner Teig», der sie trotz des politisch engagierten Gatten noch immer ignoriert. Allen voran die geizige Schwiegermutter: «Hinten durch sie lamentiert und nennt mir Schlitzauge.»

Keinerlei Lamento hingegen seitens der gebrechlichen Schwester Myrtha: Humpelt freudestrahlend an ihrem Stock herein und strahlt Graziella wie eine liebende Grossmama an: «Grüssgott, Kindchen, geht's Ihnen gut? Während des Haarschnitts sitzt sie mit geschlossenen Augen da, als betete sie.

Der Morgen schleppt sich dahin.

Zehn Minuten zu spät: Madame De Silence. Ihr welscher Charme hebt sie von der übrigen Hautevolee etwas ab. Sie begutachtet sich im Wandspiegel: «Oh, abe isch etwa zugenommen?» *Gewiss hast du zugenommen, du nimmst ja ständig zu, nächstes Jahr trägst du Grösse fünfzig* ... «Aber nein, Madame, Sie sehen blendend aus, das Deux-pièces steht Ihnen ausgezeichnet.» Zum neuen Kleid will sie goldene Mèches. Und natürlich will sie wieder die Coiffeuse aushorchen. *Dabei bin ich es, die dich aushorcht, Es läuft immer gleich ab: Ich erzähle dir von einem Gerücht, worauf mir dein Gesichtsausdruck verrät, ob es zutrifft, also haue ich noch einen drauf – und schon wird la Grande Dame redselig.* Heute erfährt Graziella, wessen Stuhl wackelt, welcher Laden vor dem Ruin steht, wer mit wem ... Mit einem vielsagenden «Apropos» steigert sich die Kundin zum Höhepunkt: «Aben Sie schon gehört, dass die Ex vom Doktor, na Sie wissen schon welscher, Krebs hat? Endstadium. Horrible. Aber nicht einmal jetzt geht der zu ihr zurück. Gäbe es auf dieser Welt eine Gereschtigkeit, müsste er abkratzen, nischt sie.»

Graziella reagiert mit stummem Entsetzen. Sorgfältig zieht sie die Trockenhaube heran, schiebt die Beige Journale in Griffnähe, fragt «Wärme gut so? Also, zwanzig Minuten.»

Es wäre der neugierigen De Silence peinlich, würde sie jemand hier die «Neue Post» lesen sehn. Doch interessant ist es schon! Sie liest über die Privatsphäre Joachim Gaucks, über misslungene Liftings der Madonna, ist fasziniert von Diättips, und vollends vergisst sie sich nun im eigenen Horoskop. Begeistert ruft sie der Coiffeuse, «Ècoutez: Mars sorgt für gute Laune, in der Folge sind Sie kleinen Abenteuern gegenüber nischt abgeneigt ..!» Beim Auskämmen will die Dame von Graziella wissen, wie diese über Untreue denkt. Nicht gut. «Asch, meine Liebe, warten wir erst einmal ab, bis Sie dreiundzwanzisch Jahre vereiratet sind!»

Glücklich, dass noch Zeit für ein Apéro bleibt, spaziert De Silence Richtung Märetplatz.

«Schau, da kommt die Von und Zu.»

«Herausgeputzt wie immer.»

«Seit ihr Mann CEO ist, hat sie ja auch das nötige Kleingeld.»

«Ganz schön eingebildet, unsere Möchtegernfranzösin.»

«Schau weg, sonst kommt sie noch an unseren Tisch, und auf die kann ich wirklich verzichten.»

«Auch auf den Traumann?»

«Wie kommst du denn auf Traumann?»

«Das ist doch der Lehrer von meiner Tochter, dort, schau, er kommt gerade die Gurzelngasse herunter. Ist zwar spröder als er wirkt, aber sieht gut aus, nicht wahr?»

«Hat der denn jetzt einen Rossschwanz? Gleicht ein bisschen dem Freysinger. Ein SVPler?»

«Sicher nicht, eher links.

Traumann hat die beiden Frauen längst entdeckt: *Die Mutter von Lydia fixiert mich geradezu. Aber auf ein Elterngespräch habe ich nun wirklich keinen Bock. Dann schon eher auf Graziella ... Morgen ist Auffahrt – eigentlich könnte man ja dem heutigen Mittwoch Samstag sagen! Ob ich mit ihr etwas für heute Abend abmache? Falls sie nachmittags frei hat, schau ich besser vorm Mittag noch bei ihr rein ...*

Das Werbeplakat steht zwar vor dem Schaufenster, aber der Salon ist bereits geschlossen. Glücklicherweise hat Traumann die Telefonnummer gespeichert.

«Hallo, Graziella, ich bin's, Traumann, Ernst Traumann. Ernesto.»

«Der mit dem Rossschwanz?»

«Ja.»

«Und?»

«Arbeiten Sie nachmittags?»

«Bis vier, weshalb?»

«Nun, ich wollte ...»

«Nur waschen oder auch schneiden?»

«Eigentlich möchte ich ...»

«Also gut, kommen sie halt kurz vor vier.»

Traumann holt sich in der Barfüssergasse einen Döner-Kebab und feiert seinen Teilerfolg mit einem Bier in der Hafenbar. Kaum sitzt er auf der Aaremauer, schlüpft er aus den Sandalen, krempelt die Hosen hoch und beschliesst, die Aufsätze erst morgen zu korrigieren. *Oder auch am späten Abend ... Es sei denn, Graziella verführt mich oder ich sie, und wir landen – bei ihr oder bei mir?*

In Fantasien versunken erschrickt Traumann beinah, als ein Gesicht nahe dem seinen auftaucht: «Heiter mer öppe ne Franke?»

Der Ausgeflippte geht mit dem Fänkler an die Theke. Die junge Frau hinter der Bar kennt ihn, sie füllt ihm das Glas bis zum Rande. Damit setzt sich der lange Fremde neben Traumann auf die Mauer.

«Lehrer, sagst du, bist du? Das glaube ich dir nicht. Aber ein Buchhalter bist du ebenso wenig, trotz deiner Mappe. Ich hab's: Hausierer! Gibt's die heutzutage überhaupt noch? Ich hausiere übrigens auch, aber nicht offiziell, du verstehst schon! Übrigens, ich bin der Lippu, heissen würde ich Christoph, doch wer will schon als Christophorus durch die Welt! Übrigens, du musst nicht meinen, ich sei besoffen, das ist mein allererstes Glas heute, ich bin absolut nüchtern. Stocknüchtern ...»

In zwei Schlücken hat er das Glas leer. Demonstrativ hält er es in die Höhe. Traumann reagiert nicht.

«Weißt du, warum ich damals in der Psychi gelandet bin? Abgestürzt. Total abgestürzt, und alles nur wegen diesem blöden Weib! Ich sag dir, nimm dich in Acht vor den Weibern! Übrigens, der Entzug, das ist die Hölle! Aber das kann sich einer wie du gar nicht vorstellen. Weißt du überhaupt was «Solodaris» ist? Bei denen bin ich jetzt, ich ...»

«Sorry Lippu, aber ich muss noch ins Schwimmtraining.»

«Also doch ein Lehrer. Ja, ja, jeden Nachmittag frei und drei Monate Ferien. Bisch aber glich e feine Siech!»

Traumann bringt in der Badi seinen täglichen Kilometer hinter sich.

Es ist mühsam an einem Mittwoch, der ein Samstag ist: Unkontrolliert springen Halbwüchsige in seine Bahn, hier schwimmt wieder eine Hausfrau mit Sonnenbrille quer durchs Wasser, dort versucht sich einer im Rückenschwimmen, und da schlägt ein greiser Crawler dem Lehrer noch die Hand ins Gesicht.

Während Graziella Traumanns Haar wäscht, sitzt er still vor ihr und geniesst die kreisenden Bewegungen ihrer Finger. Obwohl längst vier vorbei, nimmt sie sich Zeit für sein Haar. Schütteres Haar zwar, auf dem Hinterkopf der Ansatz zur Glatze, die Stirn sonnenverbrannt, *Hoffentlich schätzt sie mich nicht älter. Wie könnte ich ihr sagen, dass ich noch keine vierzig bin? Immerhin nennt sie mich schon mal beim Vornamen – Ernesto. Ernst will sie nicht sagen, das sei ihr zu ernst, hat sie gemeint. Heute Abend werden wir auf ein richtiges Du anstossen.*

«Mögen Sie Pizza?»

«Eh sì, ich bin doch Italienerin. Ernesto, wollen Sie die Haare wirklich fünf Zentimeter kürzer?»

«Ja, so ein dünner Rossschwanz darf nicht zu lang sein.»

Er beobachtet im Spiegel, wie die junge hübsche Frau mit Schere und Kamm hantiert. Wieder hält sie kurz inne, sie lächeln sich im Spiegel zu. Da ertönt eine Melodie.

«Oh, scusi, mein Handy.»

Schon steht Graziella mit ihrem Telefonino im offenen Eingang zum Salon, die Geräusche der Gasse verschlucken ihre Worte, einzig «bis später, cara»! kann Traumann verstehen. *Oder hat sie «caro» gesagt? Hat sie am Ende einen Freund?*

Als Graziella das Handy wieder auf den Tisch legt und zu Ernesto zurückgeht, blickt er ihr so fragend entgegen, dass sie das Gefühl hat, sie müsse ihm etwas erklären:

«Wir gehen später in die Aarebar. Im Sommer gibt es keinen besseren Platz als am Landhausquai! Man fühlt sich dort wie in den Ferien ...»

Traumann schweigt.

«So, fertig. Soll ich Ihnen das Haar wieder nach hinten binden?»

«Was meinen Sie?»

Er gibt die Antwort gleich selbst: «Gut, nach hinten, so wie immer.»

Aber wie immer benimmt sich Ernesto nicht. Nicht mehr jetzt. Als er in den Salon kam, schien er ihr noch völlig unbeschwert, ja in

Bombenlaune und sie scherzten zusammen wie nie zuvor ...

«Ernesto», sagt die Coiffeuse beim Abschied, «ich wünsche Ihnen einen wunderschönen Sommerabend!»

Während Graziella ihm durch die Gasse nachschaut, ist ihr, als hätte sie etwas verpasst. Eher zu laut ruft sie ihm nach:

«Sehen wir uns heute Abend am Landhausquai?»

Gisela Rudolf Salzmann (*1947): Da ich fast ein Vierteljahrhundert als Redaktorin an der Solothurner Zeitung arbeitete, bin ich, obwohl im Herzen Walliserin geblieben, mit Stadt und Kanton sehr verbunden. So handelt mein vorletztes Buch von Solothurn, und der geneigte Einheimische wird auch in «Yolo» gewisse Bezüge «heraus lesen». Ich bin verheiratet, wir haben einen erwachsenen Sohn, meine zweite Arbeitsstätte ist Berlin.

uf em gipfu

Ernst Burren

i bruche nid uf e mount everest z schtige
für z merke dass i aut bi
so wie die japanerin tamae watanabe

do muesch schon echlei verruckt si
wenn mit drüesibezgi no um jede priis
uf dä 8848 meter höch gipfu ufe wottsch

si isch die öutischti frou uf dr wäut
wo das fertig brocht het
wo si aber wider z kathmandu isch gsi
het si gseit jetze heigi si ihres auter
doch vüu meh gschpürt aus s letschte mou
wo si vor zäh johr dört obe sigi gsi

dass i bau sibezgi bi merki immer
wenn i im garte schaffe und mi zum jätte
für ne haubschtung mues bücke
de hani zobe eso rüggeschmärze
dass i e tablette oder zwe mues näh

am bethli geits genau glich
am meischte liidet äs aber drunger
wüus gäng grad aues vergisst
wos im momänt no het dradänkt

dr ueli schteck wo chürzlich uf em everest isch gsi
het gseit wenn d lüt dört obe achömi
machi si fotone redi echlei mitnang
und sägi de vor auem immer wider
das isch kuul oder super

i ha zum bethli gseit
für son e blödsinn z lafere
bruchi nit dört ufe go s läbe risgiere

mi hets immer super dunkt
wenn i do deheime nüt z tue ha gha
ha chönne umehocke
und es glesli sarganser trinke
das dunkt mi ou jetze no wahnsinnig kuul

s bethli het sich mängisch gergeret
wüui nie gärn bi gwanderet
obsi loufe hani immer ghasset

68

mängisch hets am ene sunndig gmeint
chumm mir loufe mit de ching uf e wisseschtei
meischtens hani de scho uf em nessubode gseit
mir längts i chume nit dört ufe
und d servela wo mir hei brötlet
wäre uf em wisseschtei jo nit besser gsi

s bethli het mir zobe aube wüescht gseit
i sigi keis vorbüud für üsi ching
die lehri jo nie sich dürezbisse
wenn si gsuche dass dr vatter z fuu sigi für aues

kuul und super säge si zunang
wenn si uf em everest schtö
vilecht chunnt eim haut nüt gschiiders i sinn
wenn ändlich a däm ziu bisch acho
won es läbe lang hesch druf planget

gottlob si mini öutere ou nie mit üs cho wandere
für das bini ne hütt no dankbar
und üse sohn und d tochter mache das
mit ihrne ching ou nit

i ma mi nume dra erinnere
dass i einisch mit dr mueter
im herbscht bi uf e wisseschtei gloffe
und de verruckt fröid ha gha am näbumeer
das hani nie vergässe
aber wenn mes einisch het gseh längts doch

i ha am bethli immer gseit
wenn wottsch go wandere

de gang mit enere gruppe i ha nüt drgäge
i wott uf keini gipfle ufe
und angeri ziu hani sowiso nit
mir fäut nüt
i mache vorzueche was mues gmacht si
wenn dir immer öppis vornimmsch
und s nächhär nit klappt
bisch nume gäng unzfride

dr schteck het gseit mängisch wöui
a eim tag drühundert lüt uf e everest
das sigi aube wahnsinnig gfährlich

wenns zum ene schtou chömi
chönnis passiere dass de lüt
dr suurschtoff usgöngi und si schtärbi
das isch de natürlich nid eso kuul

i bewundere dä schteck nit für si bärgschtigerei
dä setzt jo nume für nüt sis läbe ufs schpüu
und är säuber seit ou
är heigi eigentlich genau gliich vüu fröid
wenn är über em brienzersee zum rothorn tschoggi
aber für das intressieri sich haut niemer
und überhoupt wüssi är säuber ou
dass sich nüt änderi uf dr wäut
nume wüu är uf em everest sigi gschtange

i ha d wäut ou nit wöue verändere
lo aber wenigschtens d umwäut in ruei
nit so wie die seniore wo ei chrüzfahrt
nach dr angere mache

nume dass si ihri erschparnis chöi dürelo
vüu löi sich d pangsionskasse lo uszale
und bruche de das gäut für aue mögliche blödsinn
und wenn si nüt meh hei
git ne dr schtaat en ergänzigsleischtig
dass si no chöi exischtiere
uf em everest ischs wahnsinnig chaut
drum hei die lüt nit vüu ziit
no lang mitnang z rede
und wei lieber wider abe a d wermi

würklich gärn bini aube nume uf e wisseschtei gloffe
wenn i aus bueb am nochberbuur
bi go häufe d guschti jage
wenn är se uf e wisseschtei zur sümmerig het brocht

wenn mir im sennhuus si acho
het me se im schtau abunge
und de hei mir e schwinswurscht gässe

mängisch het mi dr nochber im summer mitgno
wenn är isch go luege wies dene zwöi guschti geit

einisch hei mir se i ihrer herde atroffe
wo si uf dr röti hinge hei gweidet
i has fasch nit chönne gloube
dass die üs hei kennt und sofort si cho z loufe
wo si üs hei gseh

dr schteck het gseit
bim ufschtig uf e everest gsuchi me
vüu liiche umeligge vo lüt wo heige päch gha

das sigi wahnsinnig gruusig
är luegi eifach aube gar nid ane

echlei bewege müesse mir üs aber gliich
drum loufi öppen einisch i dr wuche
mit em bethli dür solothurn

mir mache gäng dr gliich schpaziergang
vom bieutor gäge d sanktursechüuche
hinger ihre e schtäge dürab
und de über d rötifuessgängerbrügg
zum ene hotel
dört trinke mir uf dr terrasse es gaffe
luege zum wisseschtei ufe und frogen üs
wenn ächt ändlich die gondubahn bouet wird
wo mir chürzlich dört si ghocket
het s bethli wider einisch
vom gletscherpilot hermann geiger afo schwärme

sits vor mängem johr
dr füum sos gletscherpilot het gseh
wo dä geiger het d houptroue gschpüut
hets si troumma nie meh vergässe

i gseh haut schon echlei angers us aus dä walliser
wo aus erschte pilot mit ere piper
uf gletscher isch glandet

wenn s bethli vo däm geiger schwärmt
dänki aube i wäri mit ere fröhliche frou
wie dr liselott pulver ou wöuer gsi

die het mir gäng gfaue
wüu si bi ihrne färnsehinterwiu
wäge nüt immer het glachet wie verruckt
s bethli het aues gäng vüu z ärnscht gno

einisch hets zu mir gseit
dä geiger isch ganz en angere mönsch gsi aus du
dä het mit sire ganze chraft sini ziu verfouget
und het öppis usegfunge
wos vor ihm noni het gä
dänk emou wie vüu verunglückti mönsche
i de aupe si froh gsi
wenn är bi ihne isch glandet
und se wider is tau abe het brocht

de hani zuen em gseit
das isch guet und rächt
aber wenn aui eso wäre wien i
würde si im tau unge blibe
und dr geiger hätti sis läbe
mit sire eimotorige piper
nit für se müesse risgiere

Ernst Burren wurde 1944 im solothurnischen Oberdorf geboren. Er wuchs auf einem Bau-
ernhof mit dem Wirtshaus «zum Sternen» auf. In Solothurn besuchte er von 1960 – 1964 das
Lehrerseminar. Von 1964 bis 2003 unterrichtete er in Etziken und Bettlach Primarschüler.
Seit 1970 veröffentlichte er 25 Bücher, alle geschrieben in seiner solothurnischen Mund-
art. Seine Texte wurden auch als Hörspiele gesendet und von vielen Theatern aufgeführt.
Eine Auswahl seiner Werke: Dr Schtammgascht (1976), Näschtwermi (1984), Dr guudig Ring
(1997), Blaui Blueme (2006), Füürwärch (2008), Schnee schufle (2010). Wichtigste Auszeichnungen: 1981 Alemannischer Literaturpreis, 1984 Kunstpreis des Kantons Solothurn,
1997 Preis der Schweizerischen Schillerstiftung, verschiedene Buchpreise des Kantons Bern.

Shakespeare lässt grüssen

Jan Schneider

All the world's a playground, der Kinderspielplatz als Bretter der Welt. Kindergeschrei, Motorenqualm und eingeschlossenes Vogelgezwitscher, ein Spielplatz irgendwo mitten in einer kleinstädtischen Gesellschaft, vielleicht auch am Rande. Die eintürmige Kirche als Beginn des Städtchens, als wolle sie gegen den Weissenstein ankämpfen.

Sebi spielt vorerst auf der Rutschbahn, scheint alle wegzudrängen, gut, so bringt er es im Leben zu etwas.

Dann steht eine Dame neben mir, die mich aus aufgelösten neugierigen Augenhöhlen betrachtet. Im Gegensatz zu unserem Kinderwagen ist ihrer für alle Situationen bereit: Mehrere Fläschchen hängen bereits dort, ebenfalls ein Paket Feuchttüchlein, Schnuller, Ersatzwäsche, Thermoskanne, Spielring, Bärchen und Mobile. Alles vorhanden – es scheint sich um eine Art Wohnkinderwagen zu handeln. Ich frage mich, ob für die vollen Windeln extra so eine Art Urimat-Behälter fix installiert ist, selbstverständlich mit unendlichem Fassungsvermögen und biologischer Verwertung. Die wertvollen Dämpfe könnten einen bioenergetischen Stromgenerator antreiben, der wiederum die Milch wärmt.

«Ihre Frau arbeitet?» Allein der vorwurfsvolle Satzbau. Sie scheint mir meine offensichtliche Unfähigkeit zur Kindererziehung anzusehen.

Ich kann nur «Ja» entgegnen, Kopf schütteln, mich kurz abwenden, um Atem zu schöpfen und unmittelbar darauf doch etwas spitzzüngig zu entgegnen: «Ja, macht es Ihnen etwas aus? Eigentlich sind wir getrennt, ja warum nicht geschieden, daher hat sie ein Recht zu arbeiten, um mir Alimente zu zahlen. Willkommen in der modernen Gesellschaft.»

Der riesige steinerne Drogen-Nein-Danke-Mann zeigt mit der flachen Hand, dass ich vielleicht schweigen sollte.

«Waren Sie mit Ihrem Kind schon beim Dreijahrestest?» Die Frau holt erneut einen Anlauf.

«Ja, war ich.»

«Und, was hat er gesagt?»

«Es war eine sie.»

«Wer, der Junge?»

«Nein, die Ärztin.»

«Ach, der Arzt?»

Tagesordnungsgespräche, die an Intelligenz nicht zu übertreffen sind:

«Ja, oftmals sind die Kinder der etwas intelligenteren Eltern... Sie sagten doch, Ihre Frau sei Arzt?»

«Ja, sie ist Ärztin.»

«Eben, die Kinder sind hyperintelligent, aber zurück.»

«Was meinen Sie damit?»

«Ja, eben, das habe ich irgendwo gelesen.»

Sebi kommt noch immer nicht. «Danke für die Quellenangabe.» Die Frau wäre wohl im Studium brutal durchgerasselt.

«Also ich würde sofort zur Legopädin.»

Aha, die Frau sieht offenbar doch eine andere berufstätige Frau, es gibt also Legopädinnen? Ich frage kurz nach: «Meinen Sie Logopädin?»

«Könnte sein. Die machen Übungen mit den Kindern.»

«Wozu?» – Sie schweigt. Die ist am Ende mit ihrem Griechisch.

Ich prahle kurz mit meinem Wissen, natürlich reiner Blödsinn: «Kommt aus dem Altgriechischen. Logos heisst Sprechen und paideuein erziehen, also? Sebi. Bei Fuss.» Methoden zur Hundeerziehung sollen ja laut Frauenmagazin auch bei Männern wirken.

Die Frau grübelt. «Erziehung um das Sprechen.»

Ich schmunzle und Sebi ist endlich da, damit ich ihm die Nase putzen kann. «Sehen Sie? Da würde ich mich mal melden.»

Die Frau recht überrumpelt, bläht ihren Kopf kurz kontrolliert rot auf und schnappt nach Luft. Ähnlichkeit mit einem Kugelfisch. Diesmal nicht vor Lachen. Immerhin hat sie begriffen.

«Schönen Tag noch, ich suche mir noch jemanden zum Reden, mit meinem Sohn kann ich das ja nicht.»

Die Fassungslosigkeit in Person zieht an ihrem mit Heiligenkreuzen übersäten Minergiewagen wie an einem Hund. Ich wiederum zerre den Kleinen hinter mir her, der längst hinter ihrem Rücken gelacht hat, weil sogar er sie «doof» findet. Gottseidank kann er das Wort «Blöde Kuh» noch nicht. Ich würde mich grenzenlos blamieren.

Dann viel lieber auf den Spielturm. «Ja, Sebi, zuerst kommt das Mädchen mit der langen Augenbraue, dann der Junge der blöden Kuh, der noch nicht gemerkt hat, dass er eigentlich mit ihr gehen sollte, und dann du.» Wäre nicht gesellschaftskonform. Drücke ich es also kurz aus: «Zuerst kommt sie, dann er, dann du.»

Gut, Sebi hat verstanden. Stellt sich brav hinten an. Warum das funktioniert? Nur mit Gesetzesverstößen: Erpressung, Betrug und Nötigung. «Du wirst jetzt schön brav sein, sonst gehen wir direkt ins Bett. Falls du brav bist, bekommst du eine zusätzliche Lego-Figur (die es mittlerweile einzeln zu kaufen gibt, ohne bei Legopädinnen bestellt zu werden). Wehe, wenn nicht!» Würde ich die Sätze einem Erwachsenen mitteilen, hätte ich mindestens eine Klage am Hals.

Wie werden all die Kinder auf dem Spielplatz reagieren, wenn sie jugendlich oder gar erwachsen werden? Was bleibt aus der Kindheit? Inwiefern sind ihre Handlungen Konsequenzen aus der Kindheit? Diese Fragen stelle ich mir immer dann, wenn ich auf dem Spielplatz Däumchen drehe. Offenbar recht selten.

Eine Geschichte, die den regionalen Rahmen eigentlich sprengt, aber dennoch dazu gehört: Der zukünftige Verwaltungsratspräsident einer nationalen Fluggesellschaft sammelt Sandförmchen in allen Formen und Farben – welcher Nation, tut hier nichts zur Sache. Ob Jäger oder Sammler, kann hier noch nicht definiert werden. Er beginnt mit einer einzigen Unform, finanziert von seinem Vater. Je nach Sandmenge sind mehrere Kuchenkreationen möglich. Der Kleine füllt zuerst dieses Förmchen mit Sand und lässt diesen zwischen den Fingern zerrinnen. Natürlich wird er bereits mit vierjährig das Verlangen an den Tag legen, möglichst viel Sand sein Eigen nennen zu können. So leiht er sich mehr und mehr viel schönere Förmchen aus, die ihren Besitzer nie wieder sehen werden. David – nennen wir ihn mal so – ist stolz, dass er inmitten seiner zum Bersten gefüllten Sandförmchen sitzt. Der zukünftige Präsident inmitten seiner Sandsäcke beginnt ihnen zu befehlen. Die Biedermänner und Biedermännerinnen (diesmal beinahe brandstiftungslos) trauen sich nichts zu sagen. Es wäre die Aufgabe des daneben stehenden Vaters, der schweigt und geniesst. Sein Sohn würde das Bestmögliche erreichen, es wäre bloß eine Frage der Zeit. Für beide sind Profit und Prinzip die wohl gegensätzlichsten Ausdrücke überhaupt. «Bank oder Wirtschaft» murmelt der eigentlich zu alte Vater zum neben ihm stehenden Arbeitskollegen, beide krawattiert auf dem Spielplatz.

Niemand lacht über die groteske Szene. Wäre es ein Ausländer, hätten sie eingegriffen und die Landesrechte der Urväter verteidigt.

Ein «Das ist das Höchste»-Satz wäre über ihre unbeholfenen Lippen gepurzelt. Das Kollektiv hätte sich gegenseitig geholfen, obwohl es natürlich lediglich bei ein paar wenigen ausgeliehenen Förmchen geblieben wäre, nicht bei zukünftigen Milliardenverlusten, die natürlich nur zu einem ganz kleinen Teil in der eigenen Tasche gelandet wären. So tragen die Zuschauenden einen nicht geringen Teil zur Ausbildung eines Wirtschaftsbosses bei. David wird halböffentlich stehlen lernen – vielleicht sogar justizkonform. Er wird alljährlich eine Steuererklärung für juristische Personen im Briefkasten finden und den Hals mit der Krawatte korsettartig zuschnüren, damit nicht der leiseste Ton von Verrat, Dichtung und Wahrheit ans Tageslicht kommt. Dichtung natürlich nicht vollkommen literarisch gemeint. David wird zur richtigen Zeit am richtigen Ort sein und «Ja» sagen wie an einer Hochzeit. Später wird er steif und fest behaupten, er habe es nicht so gemeint, habe irgendwelche Bedingungen übersehen. Es sei sowieso in der Verantwortung der juristischen Abteilung, die ihn leider auch nicht rechtzeitig informiert habe. Da sei nur noch Schadensbegrenzung möglich gewesen, damit er seinen Kopf nicht verliere. Also habe er seinen Schwanz eingezogen, um den Arsch zu retten. Zitat Ende. Somit ist er wieder auf den Hund gekommen.

All die Ausweichstrategien, das Minigolf im Büro, die Sucht, möglichst viel Wertpapiere in kürzester Zeit anzuhäufen und dann als die eigenen anzuerkennen, falls sie Gewinn abgeben, all das hat den Ursprung im Sandkasten. David hat sich Goliath ausgesetzt. Die Gesellschaft hat natürlich nicht gewonnen, aber immerhin die Verantwortung abgeschoben.

«Kann das ironisch gemeint sein?», fragt der Mann neben mir.

Ich merke, dass ich offenbar alles laut gesagt habe. Die Menge zu meiner Rechten und auch Linken stempelt mit ihren Blicken augenblicklich ein Brandmal – nennen wir es etwas altmodisch «Telefax» – auf den Oberarm. Text: ewiger Stänkerer. Stop. Keinen Deut besser. Stop. Ausschaffen. Endlich.

«Max, gib bitte dem Mädchen die Schaufel auch mal.»

«Nein, ichwillnich.» Max stapft auf seine Mutter zu. «Sis meineee.»
Die Kinder sind natürlich unschuldig. Es ist in uns drin. Folgendes
Gleichnis könnte aus dem Buch irgendeines Schriftstellers entsprungen sein:

Die beiden Kleinen sitzen seelenruhig im Sandkasten, auf dem
Baum eine trällernde Nachtigall. Erst sanfte Förmchenschlachten,
etwas warmer Sand in die Augen, dann wird stärker aufgefahren, abgrundtiefe Schützengräben werden hergestellt und mit vollgestopften Wasserballonen aufeinander eingeballert, ehe klein Romeo das
Falsche an den Kopf kriegt.

Mutti ist sofort zur Stelle, zermalmt mit bösem, ja vernichtendem
Blick die Eigentlichkollegin, vielleicht Freundin, diese, sichtlich
konsterniert, spielt mit, zieht den Stöckelschuh aus und wirft ihn
nach derselben, beide Mütter ein sinnloses «Nimmerwiedersehen»
aussprechend, ehe die Kinder sich urplötzlich aufeinander zubewegen und sich unendlich lieb umarmen, schockiert über das bühnenreife Spiel, das längst keines mehr ist.

Jan Schneider (*1976) studierte Deutsche Sprach- und Literaturwissenschaft an den Universitäten Bern und Freiburg (CH). Heute lebt er mit seiner Familie in Solothurn, wo er als
Kantonsschullehrer arbeitet. 2010 erschien «Identitätskrise eines Schachcomputers», eine
Sammlung aus Lyrik und Kellergeschichten. www.janschneider.ch

Die Seerose an der Aare

Nur wenn man nicht
vergisst, woher man kommt,
versteht man die Sehnsucht,
die immer noch
an einem nagt.

Chris von Rohr

Wir können es nicht frei wählen – irgendwo werden wir geboren und irgendwo werden wir dann auch sterben. So ist das Leben. Geboren, das weiss ich sicher, bin ich in Solothurn City in der Obachklinik. Meine liebe Mutter wollte nach der Geburt kurz meinem Dad Bescheid geben, doch damals gabs weder Handys noch die hässlichen grauen Apparate neben dem Spitalbett. Sie musste also 20 Rappen in die Phonbox im ersten Stock werfen, um die frohe Botschaft zu übermitteln. Diese Anekdote erzählte sie mir später einmal mit ihrem typischen Augenzwinkern. «Wenig ist einfach im Leben mein Sohn und schon gar nicht in Solothurn.»

Mittlerweile wohne ich zusammengezählt etwa 53 Jahre hier und habe das eine und andere kommen und gehen sehen. Wie immer werde ich probieren, in diesen Zeilen die Balance zu finden zwischen dem Erfreulichen und dem weniger Genehmen. Oder mit den Worten des Altmeisters Huang-Po: Gestatte den Ereignissen des Alltages nicht, dich zu erdrücken, aber entziehe dich ihnen auch nicht. Und dass mir keine Missverständnisse aufkommen: Ich liebe dieses Städtchen ... vor allem, wenn ich gut drauf bin ... und im Sommer.

Ohne Übertreibung darf ich sagen, dass ich an einem wunderschönen Ort wohne. Solothurn ist umgeben vom Jura, gesunden Wäldern und prachtvoller Natur. Wir haben gute Restaurants, den original Solothurnerkuchen, eine wunderbare Zentralbibliothek, die St. Ursenkathedrale, den Weissenstein, die Verenaschlucht, das grossartige Kunstmuseum, gute Schulen und Lehrkräfte, die Solothurner Film- und Literaturtage, über hundert Arztpraxen, freundliche Verkäuferinnen, coole Polizisten, swingende Chüdermänner und die einmalige Kulturfabrik Kofmehl. Das alles hilft einem über das oft etwas raue, kalte Wetter hinweg. Meine Grossmutter begegnete meinem Wetterblues immer mit der lakonischen Ansage: «Bueb, wenn du dieses Klima überstehst, kannst du überall in der Welt leben!» Wie immer hatte sie recht!

Das katholische Städtchen, wo ständig irgendwelche Kirchenglocken bimmeln, nennt sich auch gern Ambassadorenstadt, weil hier einst der Sitz der Botschafter des französischen Königshauses war und manch eine Party geschmissen wurde. Im Welschland etablierte sich damals wegen des mühsamen Weintransports und den intensiven Drink-Sessions auf den Schiffen nach Solothurn der Ausdruck «être sur Soleure» – was auf Deutsch schlicht blau oder angetrunken heisst. Geschichtlich hat die schönste Barockstadt der Schweiz einiges zu bieten. Hier haben die Herren Casanova, Hesse und Goethe freudig flaniert und Napoleon Bonaparte hat im Hotel Krone bis dato eine Rechnung für ein Glas Wasser offen – no joke, Coke gab's damals noch nicht.

Und heute? Solothurn leidet bedauerlicherweise seit längerer Zeit unter einer Art Schockstarre, einem Herzstillstand. Stadt und Kanton haben sich finanziell noch nicht recht vom unglaublichen Regional-banken-Skandal erholt. Experten gehen davon aus, dass das Debakel, alle Verluste, Aufwendungen und entgangene Steuern aufgerechnet, den Steuerzahler gegen 700 Millionen Franken gekostet haben dürf-te. Dieses Geld fehlt in der Schul-, Familien-, Kultur- Wirtschaftsför-derung und half auch mit, einer der höchsten Steuersätze im Land zu schaffen . Der Gipfel des Ganzen: In einem hanebüchenen Bananen-prozess kamen alle Verantwortlichen dieses Disaster-Filzes frei. Sie dürfen ihre Inkompetenz fröhlich weiterleben und weiter politisieren und herumwursteln – eine doppelte Ohrfeige für den Bürger. Aber das ist, wie in vielen anderen Kantonen auch: Eine ängstliche, angepasste Mehrheit vertraut oft lieber den wendigen kryptischen Schönrednern, als den unbequemen Klartextern. Man lässt sich einlullen. Die unge-schminkte Wahrheit will fast niemand hören. Sie könnte weh tun und etwas spiegeln das man lieber nicht sehen möchte. Einige nennen es Feigheit, ich nenne es das Ich-halt-mich-da-mal-raus-dann-pas-siert-mir-auch-nichts-Phänomen. Man bevorzugt die Harmonie und die Hilaryfröhlichkeit, auch wenn's nur eine Pseudoharmonie ist, wo vieles unter den Teppich gekehrt wird. Den unangenehmen Dreck sollen die anderen wegräumen. Aber lassen wir das ...

In den Zeiten des Wohlstands, in der die Wirtschaft brummt und Wachstum über allem steht, machen wir gerne Fehler. Wir werden träge, arrogant und nachlässig. Vieles wird selbstverständlich das nicht selbstverständlich ist. Wie immer in der Geschichte werden sich die Zeiten ändern. Die ewige Kurve nach oben gibt es nicht. Schwerere Zeiten sind angesichts der globalen Schulden- und Chaos-situation vorprogrammiert. Dem wird sich auch die Schweiz und Solo-thurn nicht entziehen können. Ich persönlich hoffe einfach für unsere Stadt, dass bald einmal eine jüngere, frische Truppe mit kreativem

Elan und Visionen nachrückt. Persönlichkeiten, die unerschrocken und doch durchdacht die Probleme, die wir haben, nachhaltig anpacken, sich nicht verzetteln und das zweifellos vorhandene Potential dieser Stadt und dieses Kantons ausschöpfen, denn Stillstand bedeutet auch hier Rückschritt.

Uns Krokusmusiker hat dieses Solothurn immer zu einem Gegenentwurf gezwungen. Motto: Rock against the Jura-Südfuss-Nebelfrust. Da wird dir nix geschenkt. Falsche Schulterklopfer, die dich vom Weg abbringen gibt's hier nur wenige, und es werden weder Wege, Plätze noch Strassen nach Rockmusikern benannt, ja nicht mal ein Freedrink beim Stapi ist gegeben. Doch darum reisst sich ja auch niemand mehr. Nein, es läuft alles nüchterner, herber und schön diskret verdeckt. Popularität und Erfolg fördern schnell Missgunst und Argwohn. Aber in diesem Neid- und Nebelklima gedeihen eine gewisse Dringlichkeit und gute Songs. Ablenkung und zuviel Lob sind hier seltener als ein Edelweiss. Das hat durchaus auch sein Gutes. Man bleibt auf dem Boden und beschäftigt sich automatisch mit dem Wichtigen.

Ich werde also noch etwas bleiben, vielleicht sogar bis zum letzten Atemzug, doch mit Sicherheit sagen will ich das nicht. Ich folge da wie immer meinem Instinkt. Natürlich möchte ich auch meine Tochter, die hier in die wunderbare Steinerschule geht, in diese Welt hineinwachsen sehen. Vieles ist ihr und mir in Solothurn vertraut und ans Herz gewachsen. Die Strassen, Bäume, die Aare, Häuser, Gerüche und Menschen haben Geschichten. Meine Wurzeln sind hier. Dazu kommt: Vielleicht lässt sich ja trotz der Botschaft im Solothurner Lied «s'isch immer eso gsi, s'isch immer eso gsi ...» ein klein bisschen was ändern. Dieser Flecken und seine Menschen hätten es verdient und ich bin sicher, die beste Zeit steht Solothurn noch bevor. Doch zuerst wird es noch etwas härter werden – doch das sind wir hier gewohnt. Wir ähneln allesamt dem Gjätt in meinem Garten, das ich ausrupfen kann, so viel ich will … Ein paar Tage später grinst es mich erneut an und scheint zu säuseln: «Hallo Meister, hier bin ich wieder!»

Aber heute kümmert mich das wenig – die Seerose blüht. Alles ist schön, ruhig und friedlich. Die Hälfte des Landes weg, verreist. Fühlt sich an wie Neunzehnhundert-Blumenkohl. Es ist Sommer und der hat mich gelehrt, ihn zu packen, wenn er endlich mal wieder zu Gast ist hierzulande. Sein magischer Zauber hält nur kurz und schon ist er wieder verschwunden. Ich entspanne auf einer orangefarbenen Luftmatratze. Der See liegt spiegelglatt und flimmernd vor mir. Die Sonne brennt in voller Kraft herunter und spiegelt einen blauen, von grossgeballten, schneeweissen Sommerwolken durchzogenen Himmel. Hinter mir entfernt sich langsam das schattige Wiesenufer mit seinen tiefhängenden Trauerweiden. Mit dem Ufer bleibt auch das zurück, was mich dort umtreibt und beschäftigt. Je länger ich in diesen See reingleite, die Gerüche, die Farben und Geräusche aufnehme, desto fremder und unbegreiflicher wird das eben noch Gewichtige. Die Sonne prickelt auf meiner Haut, wohlig bis tief in die Knochen rein und ein laues Lüftchen umschmeichelt mich. Liebe Leser, so muss sich die Ankunft im Paradies gestalten...

Daheim liegen Notizblöcke voller guter und schlechter Ideen, an die 50 unbeantwortete Emails, Briefe, inflationäre Werbebroschüren, Rechnungen, die fällig sind, Einladungen, die ich ablehnen muss, aufgeschlagene Magazine, Zeitungen, Bücher und ein Haufen waschfälliger Kleider. All diese Dinge erscheinen mir hier auf dem See plötzlich fremd, überflüssig – einer verirrten, grotesken Welt zugehörig, der ich heute entkommen bin und mit der ich zunehmend meine Mühe habe. Es ist die busy-going-nowhere Falle – zuviel machen, reden und studieren – zu wenig freies Leben. Ich weiss, dass es vielen Menschen auf diesem Planeten so geht, nur tröstet mich das wenig.

Wenn ich hier und jetzt in diesen vieltausendjährigen, tiefblauen Himmel blicke, die Wolken gelassen vorbeiziehen sehe, wenn diese Berge, so majestätisch, kühn und unverrückbar klar vor mir stehen – wie kann es da sein, dass daneben all dieser lumpige Alltags-Bagatell-Kram der Trostpflaster-Konsumwelt noch ihre Relevanz hat? Warum lassen wir uns da bloss immer wieder so reinziehen? Die fragwürdige Kunst eines jeden Tages ist doch heute, die Perlen im ganzen Ramsch zu finden, der uns umgibt und angeboten wird. Doch selbst die Lüge dient der Wahrheit und die Schatten löschen die Sonne nicht aus, vor allem nicht im Sommer. Auf geht's …

Wieder zu Hause fragt mich meine Tochter, ob ich nicht Lust hätte, mit ihr ins naheliegende Kloster zu gehen. Ich kann mir nichts Besseres vorstellen nach dem See. Eine braungekleidete Kapuzinernonne guckt uns verdutzt an, aber öffnet uns freundlich die Pforten. Lange dunkle Gänge führen in den Innenhof. Ein paar Schwestern machen im Halbschatten ein Kartenspiel. Wir zwinkern ihnen zu und ich glaube, sie freuen sich, zwei so bunte, streunende Hunde in ihren Mauern zu sehen. Es fühlt sich gut und sehr kühl an. Die Kirchen und Klöster sind ja eigentlich die Erfinder der Aircondition … nur liess es sich nicht patentieren.

Wir lassen uns den umwerfend schönen Garten zeigen. Wie man mir berichtete, durften die Schwestern früher hier nur unter strenger Strafe aus den Klosterzellen darauf herunterblicken. Zu gross war wohl die Verführungskraft und die Ablenkung all der prächtigen alten Rosen, Hortensien, Lindenbäume und dem berauschenden Jasmin und Lavendel. Das passte nicht zur streng auferlegten Kasteiung der jungen Nonnen – obwohl sich eigentlich Gott, oder wie wir es nennen wollen, gerade auch in dieser wunderbaren Natur, in all den Blüten, Früchten und Düften so gross und stark offenbart.

Wir ergreifen die Gelegenheit und nehmen auch noch am anschliessenden Vesper, dem liturgischen Abendgebet teil. Da sitzen fünfzehn ältere Nonnen im Halbkreis in einem holzgetäferten Raum in engen, unbequemen Chorstühlen und lobpreisen mit wackligem aber herzvollem Gesang Gottvater, Gottsohn und den heiligen Geist – fern von der Aussenwelt und ohne Nachkommenschaft. Far out! Ein wirklich spezieller Moment, den wir erleben durften.

Spätnachts im Bett sinniere ich über diesen Tag, das Erlebte, über die Vergänglichkeit und ob jetzt die Nonnen oder ich etwas Wichtiges im Leben verpasst haben ... Wie lange mag mein Tochterkind wohl noch so schöne Ausflüge mit mir machen? Ist meine neue Songidee himmlisch genug? Ganz leise hallt ein Ferngewitter. Mein altes Jugendstilhaus liegt zwischen drei Klöstern und auch morgen werde ich wieder von einem ihrer Glöcklein geweckt werden. Die wunderbaren schwarzen Kirschen und Aprikosen warten auf dem Tisch und ich bin frohgemut, dass sich ein weiterer Sommertag ankündigt. Ich möchte unbedingt noch die Gefilde goldener und rauschender Ähren besuchen, bevor sie die Sense oder der Mähdrescher bald schon zu sich holt. Und schliesslich bitte ich noch den grossen Manitu, er möge mir Ruhe, Durchlässigkeit und Kraft geben. Ich meine damit die Art von Kraft, die uns wieder mehr eins sein lässt mit dem Schöpfer und die uns in den Schoss der Natur zurückführt. Oh Sommer, tust du mir gut!

Mit 14 Mio. verkaufter Tonträger ist cvr der erfolgreichste Rockmusiker/Produzent/Songwriter der Schweiz. Als Buchautor schrieb er drei Bestseller («Hunde wollt ihr ewig rocken», «Bananenflanke» und «Sternenstaub»). Chris ist Ehrenbürger von Memphis Tennessee.

Leben und Sterben in Solothurn

Ferhan Aktekin

Mein Vater

Ich liebe meinen Vater. In manchen Ohren mag dies vielleicht normal klingen, doch für mich ist dieses Bekenntnis das Resultat einer wundersamen Beziehung zu einem Menschen, der Zeit seines Lebens nicht zur Norm zu passen pflegte. Er war und ist immer etwas anders als die anderen. Seine sonderbaren Betrachtungsweisen prägten seit jeher mein Denken und Handeln. Ich habe ihm meine Entwicklung als beobachtender Mensch zu verdanken, der sich Distanz zu den Dingen verschafft, um ihnen auf den Leib zu rücken.

Ich erinnere mich an die Zeit meiner Kindheit, als ich meine ersten unbeholfenen Versuche startete, um die Erwachsenenwelt zu verstehen. Meine liebe Mutter kümmerte sich mit all ihrer Kraft um mich und meine Brüder. Sie war omnipräsent, zu grössten Opfern bereit und leidenschaftlich. Stets für uns da, rackerte sie sich von morgens bis abends ab. Hingebungsvoll und fürsorglich. Als alleingelassene und nach ihrer Scheidung als alleinstehende Frau kämpfte sie gegen die Wirren des harten Lebens in der Türkei, wie es nur eine Mutter durch und durch zu tun imstande war. Mein Vater hingegen war selten zugegen. Er glänzte höchstens durch grosse, weil seltene Auftritte, liess sich kurz blicken und verschwand dann wieder. Mal war er in Istanbul, um sich als Möchtegern-Schauspieler durchzuschlagen, mal versuchte er sich als Lastwagenfahrer und hinterliess überall in Anatolien seine Spuren. Er hielt es an einem Ort nie länger aus, als es ihm seine Rastlosigkeit zuliess. Er war wie ein Geist, über den viel erzählt wurde, der aber selten gesehen wurde. Irgendwann hörte man, er wäre in einer Kleinstadt in der Südtürkei Muftu (Islamischer Gelehrter) geworden, um kurze Zeit später auf unrühmliche Art seines Amtes enthoben zu werden. Als ehemaliger Student der berühmten Fakultät der Islamischen Theologie in Istanbul, hatte er sich als Bester seines Jahrgangs schon in jungen Jahren als vielversprechendes Talent eine grosse Karriere im türkischen Klerus erhofft. Doch die Nonkonformität seines unnachahmlichen Charakters versperrte ihm von Anfang an den Weg zu den wichtigen Ämtern seiner Zunft. Er besuchte uns hin und wieder, in der Regel einmal im Jahr, mal einen Tag, mal eine Woche und verabschiedete sich von uns in Richtung Nirgendwo für unbestimmte Zeit. Einfach so. Immer auf Achse war er. Ein streunender Rastloser, der durch seine eigenen Welten trottete. Ein Ewigsuchender, der in der nächsten Stadt, vielleicht hinter einer alten Fassade oder in einer unscheinbaren Spelunke das Abenteuer aufzuspüren hoffte. Ein Gesellschaftsunfähiger, Bindungsbehinderter ohne Integrationswillen, dem es einfach nicht gegeben war, als dreifacher Vater, Vater zu sein.

So geschah es wieder eines Morgens, als er uns nach nur zwei Tagen des kurzen Familienglücks den Abschiedskuss gab. Er floh dann Hals über Kopf vor einer aufgebrachten Meute, die er wegen politischer Differenzen gegen sich aufgebracht hatte. Doch diesmal sollten es nicht Städte, sondern Länder sein, die uns trennten. In ein Land namens «Schweiz» war er geflüchtet. Als siebenjähriges Kind, der seine Gefühle langsam zu differenzieren begonnen hatte, hasste ich ihn in diesem Moment so sehr, dass ich ihn bezichtigte, der schlechteste Vater aller Zeiten auf dieser Welt zu sein. Da sprach er zum ersten Mal mit mir so, als sähe er in mir einen Erwachsenen. «Es spricht Sehnsucht aus dir, mein Junge. Ich bin ein schlechter Vater, aber ich gebe es zu. Ich bin nun mal geboren worden, um mich zu bewegen. Mich an euch zu binden, wäre mein Verderben. Willst du einen toten Vater, der bei dir ist oder einen, der weit weg ist und mit der süssen Sehnsucht nach dir lebt?», fragte er. «Natürlich will ich einen lebenden Vater!», sagte ich, ohne dass ich ihn richtig verstanden haben konnte. Er klopfte mir auf die Schulter und sah mich bedeutungsvoll an. Diesen Blick konnte und werde ich nie mehr vergessen. «Ich liebe dich mein Sohn. Dich, deine Brüder und deine Mutter. Vergesse nie, dass du die absolute Freiheit hast, ja den grössten Luxus überhaupt, dich immer selbst für deine Gefühle zu entscheiden. Auch wenn es dir manchmal schwer fällt. Hassen musst du niemanden, zu lieben zwingt dich keiner. Deine Gefühle gehören nur *dir* allein. Es steht dir frei, mich zu lieben, wie ich bin. Damit anfangen kannst du auch jederzeit.» Trotz meiner schon als Kleinkind unfreiwillig erworbenen Rolle eines Erwachsenen und die des Ersatzgatten für meine Mutter, hatte ich noch nicht die Reife, die ganze Botschaft zu verstehen. Doch seine Worte hatten sich in mein Gehirn eingraviert und führten mich fortan durch die Kapriolen des Lebens. Ich entschied mich schon damals dank seiner Worte, ihn so gut es irgendwie ging mögen zu wollen. Mit der Zeit schaffte ich es tatsächlich, ihn aus der Distanz zu lieben und zu ehren.

Solothurn, das kleine Istanbul

Mit 13 Jahren kam ich mit meiner Mutter und meinen zwei Brüdern in die Schweiz, um meinen Vater zu uns in die Türkei zurückzuholen. Meine Sehnsucht nach ihm war so gross geworden, dass ich meine Mutter davon überzeugen konnte, sogar eine Reise nach Europa zu unternehmen, obwohl uns das Geld dafür fehlte. Wir überraschten ihn mit einem Blitzbesuch und versetzten ihn in Angst und Schrecken. Verunsichert wie ein Hengst in der Prärie, der eingefangen zu werden drohte, überraschte er einmal mehr zurück, indem er den Wagemut besessen hatte, ein einziges Mal über sich hinauszuwachsen, und den Familienvater zu mimen. Er entschied sich im Alleingang dafür, sich mit uns in der Schweiz niederzulassen, obwohl es ihm sehr schwer gefallen sein musste. Sich der Gemeinschaft der Familie zu fügen, war für ihn ein Quantensprung seiner Sozialisierung und ein unglaubliches Opfer zugleich, welches er nur zu bringen imstande war, weil er grosse Sehnsucht nach uns gehabt haben musste. Fortan lebten wir als Familie zusammen, deren Oberhaupt er nach wie vor nicht sein wollte, weil er eben nicht konnte. Er überliess mir diese Rolle und nahm sich seine individuellen Freiheiten im starken Kollektiv unserer Familie, zu der er nie richtig dazu gehörte und doch einer von uns war. Drei Brüder und eine Mutter in einer symbiotischen Beziehung als Freiheitsfreak auszuhalten, war für ihn eine schier unmögliche Herausforderung. Die mörderischen Integrationsprozesse, die er über sich ergehen lassen musste, waren für mich der beste Beweis dafür, dass er allen Unkenrufen und Vorverurteilungen zum Trotz eben doch ein guter Vater war. Das eigenartige, aus der Not geborene Lebenskonzept, das ihm sehr viel Kraft kostete, verleitete ihn zu Beginn oft dazu, seinen Gewohnheiten nachzugeben und immer wieder auszureissen. In emotionaler Schwerstarbeit schusterte er sich mühselig eine neue Welt zusammen, in der er Vagabund und zugleich Familienvater sein konnte. Mit einem unglaublichen Effort an Anpassungswillen schaffte er sich die Luxussituation, an unserem Leben Teil haben zu können, ohne auf seine eigenen Bedürfnisse verzichten zu müssen. Sein Drang nach Freiheit war sein grösster Freund und Feind zugleich. Mit der Zeit gewöhnten sich alle daran, dass er oft da war, sich dann einige Tage nicht blicken liess und ohne grosses Aufheben irgendwann wieder auftauchte. Mal verschwand er für eine Woche, mal für drei Stunden. Das Wichtigste für mich war die Gewissheit, dass er bald zurück kommen würde. Nach endlosen Kämpfen und Streitigkeiten mit uns und mit sich selber, hatte er sein Festland und seine kleine Insel geschaffen.

Die Pubertät in einem fremden Land zu überstehen, war für mich die schlimmste Phase in meinem Leben. Selbstzweifel und Minderwertigkeitskomplexe plagten mich. Das Unbekannte machte mir Angst und ich spürte zugleich, dass *ich* als Fremder in der neuen Gesellschaft Angst auslöste. Nun war ich endlich mit meinem Vater unter *einem* Dach, welches jedoch drohte, jeden Moment auf mich herabzustürzen. Die ersten Gehversuche in und um Solothurn als Jugendlicher waren meistens von schmerzhaften Erfahrungen begleitet. Meine eigenen Unzulänglichkeiten im neuen Land frustrierten mich dermassen, dass ich mich bitter-süss nach der Heimat sehnte. Je grösser die Sehnsucht wurde, desto grösser wurde die Wut in mir gegenüber allem, was mit der Schweiz und Solothurn zu tun hatte. Ein unausstehlicher Frusthaufen von einem Jugendlichen war ich geworden, der scheinbar das Unglücklichsein gepachtet hatte. Jung, fremd, wütend. Die ganze Welt schien mich nicht zu mögen, und ich selbst mochte mich am wenigsten. Ich begann mich selber zu hassen und wünschte mich weg von dieser Welt. Selbstmordgedanken suchten mich heim. Nach einem Riesenstreit mit meinem Vater, den ich zum Schuldigen für meine Misere abgestempelt hatte, fand er mich nach langer Suche vor der St. Urs Kathedrale in Solothurn nachdenkend und vertraute mir in einem Kraftakt der Überwindung sein neues Leben an. Dieser Tag war für mich der Beginn eines Reifeprozesses, der bis heute andauert.

Er kletterte mit mir die Treppen zur St. Urs Kirche hinauf, blieb zuoberst vor dem Tor stehen, wandte sich zur Stadt hin und sagte: «Das ist mein kleines Istanbul mein Sohn.» Er deutete theatralisch mit seiner rechten Hand auf die wunderschöne Altstadt, womit er einen halben Bogen machte, der die Silhouette der Altstadt umfasste. «Das verstehe ich nicht!», entgegnete ich genervt. Er lief die Treppen wieder hinunter, wusch sich am Trog des grossen Brunnens gemäss Gebet-Ritual nach islamischen Gepflogenheiten die Hände und Füsse, lief wieder zu mir herauf und nahm mich an der Hand. Er öffnete mir das Tor zur grossen Kirche auf und bat mich hineinzugehen. Mit Erstaunen und einem kaum zu bändigenden inneren Widerstand sah ich mich in der grossen Kirche um, liess mich von ihrer Mächtigkeit beeindrucken, ohne es jäh zugeben zu können. Zum ersten Mal in meinem Leben war ich in einer Kirche und fragte mich, warum ausgerechnet mein Vater als ehemaliger Islamischer Gelehrter dafür verantwortlich gewesen war Er hingegen setzte sich auf die Holzbänke und murmelte in sich gekehrt irgendwelche Koran-Verse herunter, als ob er in einer Moschee gewesen wäre. Ich fühlte mich schuldig, unrein und bekam Angst, von Allah dafür bestraft zu werden. Mein Vater indes nahm mich wieder an der Hand und lief zur Hinterseite der grossen Kathedrale, zahlte Eintritt an einem kleinen Schalter und bat mich, die Treppe raufzuklettern. Meine Höhenangst jagte mir beim Treppensteigen Schweissperlen auf die Stirn. Ich ärgerte mich grün und blau, Dinge zu tun, deren Hintergründe ich nicht kannte. Zuoberst im Turm angekommen, zeigte er mit funkelnden Augen wieder auf Solothurn, diesmal von ganz oben und fragte mich tatsächlich: «Ist mein Istanbul nicht schön?» Wieder nervte ich mich ob dieser Frage und verwarf erzürnt die Hände. «Was willst du mir damit sagen, Vater!?», polterte ich. Völlig ausser mir, und doch von Höhenangst begleitet, rannte ich vom Turm die Treppen hinab, machte einen halben Bogen um die Kirche und wusch mein vor Erregung errötetes Gesicht am Brunnen. Dann lief ich wie an der Hand gezogen der St. Urs hinauf und setzte mich auf der letzten Stufe der Treppe zur Stadt gewandt und seufzte vor mich hin. Doch wurde ich mit meinem inneren Kampf nicht lange alleingelassen. Er lief mir wie ein Schatten hinterher, setzte sich neben mich und schwieg. Nach langen Minuten des stillen Protests, als die Neugierde über meine innere Wut obsiegt hatte, fragte ich ihn aus schlechtem Gewissen stotternd: «Wieso hast du dich am Brunnen einer Kirche für das Gebet gewaschen?», «Wasser ist überall Wasser, mein Sohn, und es ist ein Geschenk Allah's», sagte er ruhig. «Wieso bist du mit mir in die Kirche gegangen und hast getan, als würdest du beten?» «Ich *habe* gebetet», sagte er. «In einer Kirche?», fragte ich wieder ungehalten. «Gotteshaus ist Gotteshaus. Und noch dazu ist es ein Prächtiges. Es ist egal, ob du in einer Moschee oder Kirche zu Allah sprichst», sagte er Frömmigkeit ausstrahlend. «Zu Allah sprechen mit Heiden?», fragte ich vorwurfsvoll. «Nein Sohn, so etwas wie ‹Heiden› gibt es nicht. *Sie* beten zu Gott und *ich* bete zu Allah. Wir alle gelangen zum Ein und Demselben. Zum einzig Wahrhaftigen. Spiel es denn eine Rolle, auf welcher Poststelle du deinen Brief aufgibst. Es ist der gleiche Adressat. Hauptsache ist doch, dass du ihm *überhaupt* einen Brief schickst.»

Langsam fing ich an, seine Botschaft zu begreifen. Um Versöhnung bemühend, fragte ich ihn, warum er denn in Solothurn sein kleines Istanbul sähe. Er hüllte sich in den Mantel der Nostalgie und Sehnsucht. Verträumt, schmunzelnd und zugleich leidend fuhr er fort: «Als Islamischer Gelehrter war und ist Istanbul mein grosser Traum. Die Stadt der tausend Moscheen und fabelhaften Minaretten. Doch manchmal gehen Träume in anderer Form in Erfüllung. Die Frage ist, ob du es wahrnimmst oder nicht. In Solothurn gibt es Kirchen statt Moscheen. Na und! Wenn ich mich am Brunnen von St. Urs für das

Gebet wasche, dann wähne ich mich am Brunnen von Saliha Sultan am Goldenen Horn. So ist das halt im Leben. Wenn du imstande bist, Allah's Geschenke zu erkennen, werden sie dich überall erfreuen.» «Manchmal möchte ich einfach nur sterben», sagte ich seine klugen Worte ignorierend. «Sterben tust du dein Leben lang, mein Sohn, Minute für Minute. Erst danach kommt der Tod.», stellte er weise fest. «Dann möchte ich nicht hier leben und sterben, Vater», seufzte ich, um gleich in eine ungeahnte Selbstheiterkeit auszubrechen, die mir süsse Lachtränen ins Gesicht spedierte. Mein Vater klopfte mir kumpelhaft auf die Schulter und plötzlich war in meiner Welt alles in Ordnung.

Auf den Treppen von St. Urs erlebte ich manche Wendung, überwand Krisen und bejubelte Schönes. Mit der Zeit wurde es zur Selbstverständlichkeit, mich dorthin zu begeben, um mich zu orientieren, nachzudenken oder in mich zu gehen. Diese Tradition, die zur süssen Gewohnheit wurde, teilte ich jahrzehntelang mit einem Mann, der mir beibrachte, das scheinbar Böse lieben zu wollen. Die Einheit der Gegensätzlichkeit erklärte er mir, die Dualität des Lebens und den Wert der Sehnsucht. Abenteurer, Philosoph, Dichter, mein bester Kumpel war er und einer, der wegen seiner Liebe, wie er einst sagte, als einzigen Menschen die Nähe zu mir zu suchen wagte. Zeit seines Lebens hatte er deswegen ein schlechtes Gewissen, dabei war er gerade deshalb mein grösster Held.

Ich liebe meinen Vater. Er ist ein besonderer Mensch. Deshalb liebe ich Solothurn, weil es mich in jeder Ecke an ihn erinnert. Jeder noch so unscheinbare, versteckte Laden oder unbekannte Winkel, in dem mein Vater schon gewesen war, wärmt mich sanft wie die Frühlingssonne. Nun ist er nicht mehr hier, doch trotzdem ist er allgegenwärtig. In Solothurn zu leben und zu sterben ist so schön wie die bittersüsse Sehnsucht nach ihm.

Ferhan Aktekin (*1965), Aprilscherz, weil am 1. April geboren und trotzdem nicht sehr oft zu Scherzen aufgelegt. Als zweifacher Vater, Ehegatte, Ex-Ehegatte, Witwer und vielfacher Ex-Freund, ziemlich grosse Mengen an menschlicher Erfahrung im Rucksack mitbringend. Bei allem Realitätssinn gelingt es ihm gottlob immer wieder, kurze Momente des Glücks vom Himmel herunterzuholen – das ist für ihn die Essenz des Lebens.

Giro di Gäu

Elisabeth Pfluger

Am Meendig, 23. Oktober 1950 hed s Soledurner Fus.Bat. 90 uf Önzige muese yrucke zum Widerholiger. Am Nomittag am drü isch Abmarsch vo de Nünzger gsi, mid Vollpackig, uf Fäldwäge s Gäu durab. Der Stab und d Stabskompanie si uf Hägedorf choo, s eis uf Bonige, su zweu uf Gunzge, s drü uf Härchinge, s vieri uf Chappel.

Z Härchinge ufem Schuelhuusplatz hed der Hauptme Forster erklärt: «Für d Kompanie 3/90 isch das Dorf jetz drei Wuche lang der Heimedort. D Züg 1, 2, 3 hei ihres Kantonnemänt im Schuelhuus. Füre 4. Zug ischs im Gastholf Pflueg, im Theatersaal uf der Büni.

Eine vo däm Füürzug uf der Büni vom Pflueg isch der Füsilier Werner Strähl vo Wältscherohr gsi. Dä prima Zeichner und Moler hed mir verzellt, wies zu däm Müsterli choo isch, midem Titel: «Giro di Gäu».

Di ersti Wuche vo däm Widerholiger im Gäu isch abgloffe wie gwöhnlig: oriäntiere, trainiere, marschiere, instruiere, exerziere. Die Füsilier vom Füürzug uf der Theaterbüni vom «Pflueg» heis gäbig gha.

Dene heds nochem Zmittag albe no für ne Jass i der Gaststube glängt. I der zweute Wuchemitti, am erste Novämber, isch Allerheilige gsi, e höche katholische Fyrtig. «Was goht äch denn?», isch i der ganze Kompanie gwärweised worde. «Es Manöver gids sicher nid», si alli überzügt gsi.

Der Zystig, 31. Oktober isch e trüebe Näbeltag gsi. Enewäg isch der Tagesbefähl choo: «Nachtübung im grösseren Rahmen! Abmarsch bim Schulhaus 18.00 Uhr». «Gopfridstutz! Also doch es Manöver! I der Nacht uf Allerheilige! Mid Vollpackig! Und bi däm Hudelwätter!» – Soo isch koldered worde, aber nid luut. Was wottsch? Befähl ist Befähl!

Pünktlig isch s 3/90 losmarschiert Gunzge zue. Es isch feister gsi wie inere Chue und hed grägeled. Z Chappel isch me abgschwänkt übere Born uf Bonige übere. Kei Findberüerig! Witer!

S Aaregäu druuf, dure Wald uf Fulebach. Ad Aaren abe bis zu der Murgethaler Brugg. Witer! Dure Wald Wolfwil zue. No eisder kei Find umewäg! Witer! Dur Wolfwil dure und de übere Schweissacher und durd Bachtele isch s 3/90 witer taggled, hogeruuf und hogerab. Em Füsilier Strähl isch s Soldatelied dure Chopf: «Die Nacht ist ohne Ende; der Himmel ohne Stern, die Strasse ohne Wende und was wir lieben fern. – Gebeugte Rücken tragen die harte, schwere Last. Und müde Schritte fragen: Wann endlich kommt die Rast?»

Nüüt vo Rast! Di müedi, nassi Truppe isch witer tschumpled, s Mittelgäu durab uf Niderbuchste und de uf Neuedorf.

Scho hei die vom 3/90 ufgschnuufed. «Aha, jetz chöme mer uf Härchinge! Mir chöne di nasse Hudle abzie und go ligge!» Oheie! Es hed nid dörfe sy! Übere Neuedörfer Hubel, alls uf Waldwäge, hei si no einsch is Aaregäu übere müese schuene.

Imene Wäldli, churz vor der Fulebacher Holzbrugg, isch Halt befole worde. Grüchtwys heds gheisse, d Brugg sig suponiert gsprängt;

aber Pontonier heige ne Notbrugg über d Aare erstellt. Dört drüber müess d Kawallery, Träng und Artillery mid de Gschütze. S Fuessvolch aber wärd mit Schluuchboote über d Aare gsetzt. «Schöni Ussichte!» hed der Füsilier Strähl dänkt. «Ig, wo nid cha schwümme!»

Zum Schlimmste ischs aber nid choo. Am Morgen am Sächsi isch s Manöver abbroche worde. Wiso? Das hed me nie vernoo. Es hed aber gheisse, uf der gwaggelige Pontonierbrugg heige teil Ross Schwirigkeite gmacht.

Jetz hed d Komp. 3/90 ändlige der Heiwäg chöne aträtte. I der erste Tagheiteri vo Allerheilige si die Füsilier hundsmüed und dräcknass ufem Härchinger Schuelhuusplatz achoo. Der Hauptme Forster hed der Tagesbefähl duregee: 1. Ruhen im Kantonnement. 2. 12 Uhr Mittagessen. 3. Vortrag im Gasthof Pflug. 4. Ausgang.

Müed und mucht si d Füsilier vom Füürzug uf der Büni im Pflueg is Strau gläge, und nangernoo hed me di erste Schnarchtön köört. Die si immer mehrstimmiger worde, und zletscht hed me gmeint, me sig inere Saagi. Em Strähl Werner hed das millionisch a de Närve gsagt. Er isch ufgstangen und use.

Dur d Hingertüre hed er dure Huusgang id Wirtschaft ine chönne. Niemer wyt und breit! Di ganzi Famili Pflueger isch halt i der Chilche gsi. Also au keis warms Gaffi!

Der Strähl Werner isch zu der Türe gägem Saal übere. Die isch zum Glück nid gsplosse gsi und är hed übere chöne. Dört isch zmitts ader obere Wang e Wandtafele parat gstange für dä Vortrag am Nomittag. Der Strähl Werner isch vordraa blybe stoh. Do chund däm guete Zeichner en Idee. Er nimmt d Chryde und zeichned e Füsilier im Räge, mid Vollpackig, abtaggled, und d Zunge hanged em use. Im Hintergrund skizziert er no ne Chilchhof. Totni si us de Greber gstige und protestiere gäge dä Nachtmarsch am Fäst Allerheilige.

Der Füsilier Strähl isch wider – wiener choo isch – ufd Büni zrugg go is Strau ligge. Niemer hed öppis gseh. Niemer hed öppis gmerkt.

Nochem Zmittagässe si di erste 90er vom Schuelhuus här au i Pflueg choo und si i Saal übere. Sofort heds es Halloo und es Glächter gee. «Was für ne Luuscheib hed das zeichned?», hei es paar grüeft.

Im 3/90 si no zwee Wältscherohrer gsi, der Heiri Werni und der Alemaa Fritz. Die hei sofort gseit: «Gäll Werner, daas bisch duu gsi! Daas chasch nume duu zeichned haa!» Der Werner hed nume d Achsle zuckt und hed glached. Do gseht er erst, as gross drunger stoht Giro di Gäu. «Wär hed de daas häre gschribe?», hed er wölle wüsse. Si Fründ, der Fritz, hed ems chöne säge: «Euse Korpis, der Alemaa Otti ischs gsi, mi Cousin, au ne gebürtige Wältscherohrer.»

Notisnoo isch di ganzi Kompanie im Pflueg binanger gsi und di beede Lokal bumsvoll. Der Strähl Werner aber hed e Platz gsuecht mögligst wyt vo der Wandtafele wägg. I der ungere Nische vo der Wirtschaft hed er si schön still gha.

Jetz isch s Rösslispil agruckt, alli Offizier vom Major bis zum Lütnand. Vor der Wandtafele si alli blybe stoh. Si hei gluegt und gstuuned, hei ghängled und diskutiert. Zringsum isch der Lärm verebbned. Alli si gspannt gsi, was jetz chöm. Do chehrt si der Major Jenny um und frogt barsch: «Wär hed die Zeichnig gmacht?» – Es isch still worde, as me ne Mugge häd kööre hueste.

Der Künstler hed si duckt und so chly gmacht as müglig. Do hed er aber gwahred, as es paar Kamerade d Chöpf gägen ihm dräie. Immer meh luege gägen ihn. «Jetz heds gfehlt!» hed er dänkt. Langsam isch er ufgstange und hed si gmäldet: «Herr Major! Füsilier Strähl.» – «J gratuliere!», hed der Major grüeft. Dur beidi Lokal dure isch er em Werner Strähl cho d Hang gee.

Wie hed daas es Halloo abgsetzt. Alli hei klatsched und glached und grüeft: «Giro di Gäu! Giro di Gäu!» D Strapaze vo der letschte Nacht si wägg gwüscht und vergässe gsi.

En yfrige Lütnand isch tifig choo und hed das Bild mideme nasse Schwumm wölle lösche. «Stopp! Stopp!», hed der Major grüeft. Und er hed befole: «Das Kunstwärch wird nid glöscht! Es blybt stoh mindestens so lang wie euse WK im Gäu duured.»

Für s Referat vom Hauptme Flückiger hed me d Tafele eifach kehrt. Nachem Vortrag, wo me d Tafele wider hed chöne dräie, isch s Jubelgschrei nomol losgange. Vo däm Tag ewägg isch das «Giro di Gäu» s Schlagwort gsi vo der Kompanie 3/90. Im nöchste WK und no mängs Johr spöter, wenn Kamerade vom 3/90 inanger troffe hei, hed der Gruess gheisse: «Giro di Gäu!»

Giro di Gäu

Elisabeth Pfluger ist 1919 in Härkingen geboren und lebt in Solothurn. Sie ist Schriftstellerin und sammelt seit ihrer Schulzeit Zeugnisse aus der solothurnischen Volkskultur, insbesondere in Form von Sagen, Anekdoten und Sprüchen, und hat diese in zahlreichen Aufsätzen und Büchern veröffentlicht. Elisabeth Pfluger gab zudem von 1983 bis 2006 den volks- und landeskundlichen *Solothurner Kalender* heraus. Bis 1981 wirkte sie als Lehrerin, zuerst in Neuendorf und ab 1949 in der Stadt Solothurn.

Chesus

Reto Stampfli

Niemand wünscht sich, in Etziken geboren zu werden. Dieser erste Satz ist widersinnig, denn es kann ja eigentlich niemand auswählen, wo er geboren werden möchte. Ich könnte mir aber durchaus vorstellen, dass Menschen, die in New York, Madrid, London oder Rom geboren wurden, davon überzeugt sind, dass ihr Geburtsort ein wahrer Glücksfall darstellt.

Ich wurde in Etziken geboren. Diese bescheidene Ansammlung von Häusern im Solothurner Wasseramt ist nun nicht gerade der Nabel der Welt; trotzdem fühlte ich mich dort in meiner Jugend recht glücklich. Über dem Dorf thront der Wasserturm, ein in seiner Form und Funktion einzigartiges Bauwerk, das es sogar bis aufs Gemeindewappen geschafft hat. Damals gab es sogar noch einen Bahnhof, wo jede Stunde zwei Züge hielten, und ein Dorfzentrum mit einer Bäckerei, einer Käserei und einer Arztpraxis. Ich wohnte mit meinen Eltern und meiner jüngeren Schwester an einer schmalen Strasse, an der sich der Horizont der Hausnummern von Zwei bis Sechs erstreckte. Auf auffällig vielen Briefkästen in der näheren Umgebung prangte derselbe Familienname wie auf unserem. Man kannte sich in unserer beschaulichen Gemeinde; ja, man kannte sich gut, oftmals, wie mir schien, fast zu gut. Klatschgeschichten machten in Windeseile die Runde, Geburten und Todesfälle bereicherten den Tagestratsch – die Weltgeschichte fand jedoch definitiv anderswo statt.

In unserem Quartier, im Etziker Oberdorf, stand ein graues Mehr-familienhaus mit Flachdach, das von den Einheimischen als «dr Block» bezeichnet wurde und in dem lauter zugezogene Familien lebten. Die waren zwar nicht in Etziken geboren worden, doch die meisten kamen aus Ortschaften, die auch nicht gerade als schillernde Metropolen bekannt waren. Die Bewohner dieses Hauses wechselten häufig, und wenn ein Fremder in Etziken auftauchte, den man nicht sofort zuordnen konnte, dann hörte man regelmässig den Satz: «Der wohnt bestimmt im *Block*.»

Unbekannte blieben in unserem Dorf in jenen Jahren nicht lange un-bekannt. Eine augenfällige Ausnahme bildete die Familie Arconada aus der altehrwürdigen Stadt Valencia. Sie waren nebst zwei Italie-ner-Clans und einem grauhaarigen Portugiesen die einzigen Auslän-der in Etziken in den 1970er-Jahren. Als «Auswärtige» galten bei uns Menschen, die aus einem anderen Kantonsteil stammten oder gar aus einer fernen Region der Schweiz zugezogen waren. Ein Dialekt aus der Innerschweiz stellte eine Attraktion dar, ein Ostschweizerdi-alekt eine Herausforderung und «Walliser-Diitsch» kannten wir nur von den Skirennen aus dem Fernsehen.

Da klang Spanisch wie eine aussergalaktische Geheimsprache. Zwei-fellos, die Familie Arconada war wirklich ganz anders. Auf ihrem zerbeulten weissen Seat grüsste auf der Heckklappe ein schwarzer

Stier als Aufkleber, was mich und meine Kollegen dazu veranlasste, anzunehmen, dass der blutige Stierkampf, von dem wir schon spektakuläre Bilder in einer deutschen Illustrierten gesehen hatten, in der Familie eine lange Tradition aufweisen konnte. Ich stellte mir vor, dass in Valencia sämtliche Matadore Arconada hiessen, stolz ein rotes Tuch schwangen, elegant den Degen führten, bisweilen sogar kräftig zustachen und im Allgemeinen in der Arena ihr Leben gering achteten. Erst einige Jahre später – als die Arconadas schon lange weggezogen waren – sollte ich schlussendlich herausfinden, dass der schwarze Stier der Werbeträger von «Veterano» war, einer bekannten spanischen Cognacmarke, der besonders Señor Arconada in nicht geringen Mengen zusprach.

Der jüngste Sohn der Familie Arconada besuchte mit mir die Primarschule. Ich lachte ihn – im Gegensatz zum Rest der Klasse – nur selten aus. Sein mehrfach gebrochenes Deutsch erzeugte alltäglich akrobatische Satzkombinationen, die nicht nur uns, sondern auch unserer strengen Lehrerin bisweilen Spanisch vorkamen. So wurde der kleine Ibererjunge oft Opfer des vernichtenden Klassengelächters; bis zu jenem denkwürdigen Dienstagmorgen im April, als uns Pfarrer Gehrig im Religionsunterricht nach zwei Vaterunser und einem Ave Maria von Jesus und seinen Wundertaten zu erzählen begann.

Plötzlich sahen wir den Jungen aus Valencia in einem vollständig anderen Licht, denn sein voller Name lautete Jesus Angel Antonio Arconada; und «Chesus», so erklärte er uns stolz in der Zehnuhrpause, war nichts anderes als die spanische Form von Jesus. Da hatten wir Beats, Daniels, Rolfs und Retos gar nichts mehr zu melden. Unser Erstaunen kannte kaum Grenzen, als uns Pfarrer Gehrig ein paar Tage später Jesus als den grössten Menschen, der je gelebt hatte, vorstellte. Er sei zwar durch und durch ein richtiger Mensch gewesen, jedoch auch zu einem Teil ein göttliches Wesen. Seine Geburt habe die Welt grundlegend verändert und deswegen sei der Nullpunkt unserer Zeitrechnung an diesem epochalen Ereignis ausgerichtet worden.

Das schwamm in unseren vorpubertären Knabenhirnen obenauf. Wir stellten uns eine Art Superman vor – den wir bestens aus den Comicheften kannten – aber einer, der nicht durch die Lüfte segelte, sondern übers Wasser schwebte. Das war zwar nicht ganz so spektakulär, vermochte jedoch auf uns Jungs ein paar Tage lang Eindruck zu machen. Jesus, ein langhaariger Held mit schmachtenden Augen, der nie und nimmer vom Weg des Wahren und Guten abwich.

«Er ist Gottessohn, der auf die Erde gekommen ist, um uns Menschen von den Sünden zu befreien», präzisierte Pfarrer Gehrig. Wir Zweitklässler wussten zwar nicht genau, was mit Sünden gemeint war, doch es wurde uns sofort klar, dass der Name Jesus nicht einfach einem gewöhnlichen Menschen zufallen würde. Als sich dann Stefan aus der hintersten Reihe erkundigte, ob man in der Schweiz auch auf den Namen Jesus getauft werden könne, erklärte der Herr Pfarrer feierlich, dass das bei uns gesetzlich verboten sei.

Jesus wurde uns von nun an jede Woche zweimal in der Reli-Stunde mit Nachdruck näher gebracht. Pfarrer Gehrig schien ein Jesus-Fan zu sein und das nicht nur von Berufes wegen. Er erzählte uns mit leuchtenden Augen, dass Jesus in einem Stall geboren worden sei, in einem kleinen judäischen Dorf, das noch weniger Einwohner aufwies als Etziken, jedoch weltberühmt werden sollte. Diese Tatsache erfüllte uns mit Stolz und einer leisen Hoffnung, dass auch in einem der zahlreichen Ställe in Etziken einmal etwas Grossartiges geschehen könnte.

Was wir jedoch nicht ganz begriffen, war der irritierende Umstand, dass dieser Jesus aus der Bibel zwei Väter hatte. Es gab bei uns im Dorf einen unglücklichen Jungen, der keinen Vater mehr hatte, doch zwei Väter, das war unvorstellbar. Auch Jesus Angel Antonio Arconada hatte nur einen Vater. Der trug immer gerippte weisse Unterhemden mit Schweissflecken und hiess Miguel. Er verwendete nur ein einziges deutsches Wort, doch dieses sehr häufig: «Schiissdräck». Sonst quoll nur Spanisch zwischen seinen bräunlich eingefärbten Zähnen hervor.

Die Mutter von Jesus war jedoch eine nette Frau mit eindrücklichen Ohrringen und hiess Maria. Das passte wunderbar in die Geschichte von Jesus aus dem Religionsunterricht. Und so waren wir alle davon überzeugt, dass der fluchende Miguel nicht der richtige Vater von Jesus sein konnte. Vermutlich eher ein ungehobelter Hirte, der sich gegen alle Regieanweisungen zu einer der Hauptrollen aufgeplustert hatte.

Jeden Tag marschierte ich mit Jesus aus dem Oberdorf ins Schulhaus und zurück; ich traute mich jedoch nicht, meinen Spanierfreund zu fragen, ob er in Spanien noch einen richtigen Vater habe, der José hiess oder José Maria oder so ähnlich.

An einem schwülen Sommertag, als die Julihitze kaum mehr zu ertragen war, wurde ich sogar zum Geburtstagsfest von Jesus eingeladen. Gespannt betrat ich die abgedunkelte Wohnung. In der Stube der Familie Arconada klebte ein leicht vergilbtes Bild schräg an der Wand. Es zeigte den Stadtpatron von Valencia, den heiligen Vinzenz Ferrer, wie mir Jesus erklärte. In der Ecke, in einem knarrenden Lehnstuhl, döste die Grossmutter. Es roch fremdartig nach süssem Parfüm und frittiertem Fisch. Überall hingen Rosenkränze und im Badezimmer stand eine Plastikmadonna, die bis zum Kinn mit Weihwasser gefüllt war.

Die Familie Arconada war wirkliche eine heilige Familie, da gab es für mich keine Zweifel mehr. Nur als nach dem zeremoniellen Kuchenessen ein kräftiges «Schiisdräck» aus Miguels Mund erschallte, war ich für einen kurzen Moment verunsichert.

Es sollte jedoch das letzte Geburtstagsfest mit Jesus gewesen sein. Im Frühling 1977, ganz ohne Ankündigung, fuhr an einem Samstagmorgen plötzlich der Zügelwagen vor. Zwei Tage später – noch vor Ostern – war Jesus verschwunden. Niemand wusste genau wohin; einige behaupteten, er sei in seine sonnige Heimat zurückgekehrt, andere wollten ihn in einem Nachbardorf gesehen haben.

Kaum jemand der Erwachsenen verlor noch ein Wort über die Spanierfamilie, und die Zeit blieb auch nicht stehen, doch wir Jungs sprachen noch lange über Jesus, und einer schrieb seine Geschichte Jahrzehnte später sogar auf.

Reto Stampfli, geboren im Sommer 1969, erlebte an den Gewässern des Solothurner Wasseramts eine wohlbehütete Jugend. Heute wohnt er mit seiner Frau in der Stadt Solothurn, und versucht jungen Menschen an der Kantonsschule die deutsche Sprache, Religionen und Philosophie näherzubringen. Seine Bücher erscheinen im Knapp Verlag.

Wo wo... wo wie

Urs Jaeggi

Es ergab sich. Vater und Mutter verreisten für ein paar Tage. Sie überließen meinem Bruder und mir das Haus, ein Eckhaus Ziegelmattstrasse/Bergstrasse. *Passät uuf!*

Vom Badezimmer aus konnte man auf ein Vordach klettern, eine Betonplatte als Regenschutz über dem Hauseingang. Ich genoss es. Draussen hocken. Die Augen frontal zum Jura und darunter das Patrizierhaus Glutzenhübeli mit dem Hügel unseres ersten Skigeländes, auf Fasstübeli, den damaligen Extremkurzskiern. Jetzt gehen meine Augen direkt in den Berg, zum Kritzeln (Bäume und Felsen), farbigflächig mit Pinsel oder mit Bleistift. Mir Fremdes, Unerklärbares: Nahes weit weg, Meine linke Hand füllt Blatt um Blatt

plötzlich! Der Andere hockt da im Dämmerlicht wie angewachsen, skulpturartig. Redet Verqueres: *I hasse mi ... Du bisch iig...* Du bist ich. Man wird uns abholen. Weissuniformierte. *Mä hett mi grrrundlos iglochet...* vor viiele viele Johre. Das Gestotterte bricht aus ihm heraus. *Der Be...eerg will mi... Will mich...meinen Kö...örper.* Die weissen Kittel... mit dem Vorwand, ich benötige vor mir Schutz, ha...halten mich einge...gelagert in einer Zelle. Uuuh... Rissige Wände besetzt mit Geräuschen von Mitbewohnern. Rrr...rundum ums Gebäude unübersteigbare Ho..holzbretterwände. *Vor mi...michch hinleben..! in mich hineinleben..* Seine Fäuste kneten nervös die Beine. *Ichch... machee... dies uu das auus ob!* Der Mund schreit... *die Hä... hä... ände halten mein Gesicht...* bis in meinen Au...augen ein tiefes Schwaarz oder blutiges Rot auftaucht. Die Füsse bocken und lassen mich liegen. *Aoues wie wenn...* Mach wie du willst oder musst! Wir bringen dich in die Ruhe, sagen die Weisskittel und stechen mit ihren Spritzen zu oder lassen mich als übermässig unruhig eingestuft von einem ihrer Gehülfen ans Eisengestell des Bettes schnallen. Augen schliessen. *Sich wägdänke, das wärs.*

Jetzt schläft er

am nächsten Morgen sitzt sein Körper auf dem Vordach noch immer an der gleichen Stelle, dort wo sonst ich sitze, vom Ausstiegfenster aus links mit dem Rücken an der Wand. *Hoyy... Duu...! ! ii bi doo ...so oder ässo... I bin hier!*

Er hat bei mir nichts zu suchen. Ich werde es ihm ins Gesicht sagen. Er wird nicht im Boden versinken.

Du musst gehen, sage ich knapp.

Sein Gesicht lacht. *Ich ... ch...ch bin,* sagt sein Mund u...u...und *hier bliebe i...! Doo! Äs isch wunderbar!*

Seine Fäuste klopfen auf den Betonboden. *Niemand stoppt mich, auch du nicht...!* Und wieder stärker stotternd: *Bi...bi...bitte...bitte heirate mich...bibbbitte!* Er bittet und lacht hüpfend. Ich wollte immer aus meinem Leben etwas machen, endlich passiert es.

Nein, sagt meine Stimme. Man wird dich holen.

Du spinnst, schreit Tutu, wie ich ihn inzwischen nenne. *Mach kei Blödsinn!* Seinen Namen verweigert er, aber jedes vorbeifahrende Auto wird mit *tututu* begleitet. Sein Gesicht hell. Seine grünbraunen

Augen gucken in die Sonne. *Wir... wir kommen einmal in der Woche hier durch,* sagt er. Man ba...ballt uns zu einem unförmigen Haufen zusammen, macht aus dem Haufen Kolonnen, gnadenlos ineinander verklumpte Figuren ... Und trapp trapp... immer denselben Weg mit den immergleichen Wärtern, den immer gleichen Befehlen, zur immergleichen Stunde. Ze... zehn Uhr punkt! Wir, nach heftigem Gerangel, um an der Spitze gehen zu können, hautnah beisammen.

Auf Befehl lächeln sagen die Wärter als Befehl: lächeln lääächeln...! siiingen! Wenn Passanten neugierig gucken und winken Mundwinkel nach oben bewegen, das nimmt den Passanten Angst. Verstanden!

Tutu lacht, lacht krächzend, fast singend. Jetzt *bi n i do!... ig hasse iig ...! Du verschwindest oder ich hole die... die...Ich hole die Polizei!*

Er krümmt seinen abgemagerten Körper und wirft ihn mir entgegen. Sein Mund spuckt etwas Gelbes in die Luft. Der Körper sackt müde in sich zusammen. Die Sonne hängt im Untergehen wie beleidigt am Jura. Wolken ziehen sich über den Berg, kriechen über die Felsen nach unten. Tutu schweigt.

Der Mund wiederholt unverständlich Gemurmeltes in regelmässigen Abständen, wie das stündliche Glockengebimmel des nahen Frauenklosters. Sein Gesicht, hochrot am zerplatzen, wird nachher ruhiger. *Dr Bärg hets i dr Hand,* sagt er. Legt sich auf dem Rücken, Mund zusammengepresst wie eine stillgelegte Vagina, dann ein speiender halboffener Ovalmund, der Wörter und Teile des Gegessenen ausspuckt.

Ich hole Wasser, sage ich

Er bittet um Farbe und Pinsel.

Morgen, sage ich

manchmal sieht er mich einfach nur an, minuten-
lang, zieht Kleidungsstück um Kleidungsstück aus, formt mit dem
Zusammengehäufelten eine menschähnliche Figur, kichert.... *Hier
ist meine Bühne ... der Jura mein Zuschauerraum! Mein Theater...
und du...du ... wirst hier nicht gebraucht... oder meinetwegen als mein
Gast!*
Das Stottern ist weg. Ruhe Unruhe. Sein Körper macht sich breit...
Nein, breit ist nicht das passende Wort. Egal. Sein Mund rezitiert
laut, fehlerfrei! *Der Berg beschützt mich...ein stiller sanfter Morgen...
Ich, Orest... man hat mich, ihr Götter, zum Gespött gemacht,... und
du...? Was tust du?*
Protokoll schreiben.

Ein schlanker Körper mit gutgeformten Rundungen geht unten auf
der Strasse armeschlenkernd federnd vorüber. Er sieht uns nicht.
Ein Kind mit übergrossem Schulsack schleppt sich Kopf nach unten
gesenkt vorwärts. Der pünktlich auftretende Briefträger steckt ohne
vom Fahrrad zu steigen Umschläge und Farbiges in den Briefkasten.
Tutu begrüsst ihn mit lautem Hallo. Manchmal rückt sein Körper
weit über den Rand hinaus, die Augen im Leeren. Die herumzit-
ternden Finger zeichnen Bilder in die Luft. *Mein Hirn macht alles
mit, Strich um Strich,* sagt er und schüttelt wütend seinen Kopf. Über
das Gesicht laufen tiefe Falten. Der Berg spiegelt die Tageszeiten.
Manchmal herangezoomt scheint er mit deutlichen Konturen wie
ein überdimensionales Foto bedrohlich nahe als würden die Baum-
stämme und Felsbrocken herabdonnernd Häuser Autos Gärten Kirchen Strassen mitreissen und die ganze Stadt zuschütten. FIN DU
JEUX!

I bi do ghocket bevor i wirklich do ghocket bi, sagt
Tutu. Er versucht mit den Augen die Gesichter der Vorübergehenden
festzuhalten. Wir schweigen. Später sind es leise Töne, dann stei-

gernd, atonal wild... mehrstimmig. Der Wind schlägt das Badezimmerfenster auf und zu. Tutu läuft den Betonkanten entlang. Sein Körper vibriert. Das Gesicht glücklich. Der Körper hockt sich. Die Haut bebt. Der Mund sagt in unregelmässigen Abständen immer sicherer: *Hau du ab, subito... hau ab! Du ghörsch nid do härä! Das isch mis Theater.*

Seine Augen heften sich an ein Schulmädchen, das vor sich hinhüpfend Brotkrümel auf der Strasse verstreut und eine Schar wild herumpickender Spatzen hinter sich herzieht. *Helena,* rezitiert brüllend sein Mund, *wir könnten uns berühren. Hier!*

Es läuten wie alle Stunden die Klosterglocken.

Kannst du Sprachen? fragt Tutu. Seine Lippen nuscheln Worte. *Du...michnicht... aber wir sind Brr...rüder... Das... leben..n.. hhaa hatmich dummgestellt...aber unsere We..wege mussten... sich. Drr* Bärg... *drr* Jura *hets brocht... Halleluja..! unsere We...ge mussten si..ch...mussten sich.... finden...*

Sein Zeigefinger geht zum Horizont. *Das...das,,,leben... Wawa... wo... worum?*

Tutus Körper sitzt nackt in der Sonne, feste Muskeln, drahtig. Neben ihm ein Taschentuch, ein Kugelschreiber, ein Schlüssel, eine Nuss, eine Zündholzschachtel. Tutus Prüfblick guckt suchend. Sein Körper schiebt sich an mich heran.

Mein Mund sagt zum x-ten Mal: Ich muss das Pflegeheim anrufen, Tutu... Man sucht dich!

Tutu sagt: *Hier sehe ich in ein anderes Leben...Hier...bin ich...*

am fünften Morgen, als ich aufs Vordach steige, fängt Tutu an zu tanzen, die Füsse auf Kopfhöhe, den Körper zusammengeklappt: eine Kugel, ein Strichei, ein Kreuz. Wieder und wieder... Körper schräg, Kopf bergwärts... Jetzt am Boden rotierend kreiselnd. Der Mund rezitiert. *Da lag alles drin, alles... So weit er sieht. Hört ihr! Seine Stimme! Unter uns bewegt sich...! Die Zeit... alles... endlich!*

Er verwirbelt seine Glieder, verbeugt sich artig, Knicks um Knicks... Handküsse... Händeklatschen. Tutu klatscht zurück, hüpft präzis-konzentriert herum, Geste um Geste hinausgespielt ins nicht-vorhandene Publikum.

Er ist weiter als du, sein Spiel souverän, sagt meine Stimme. *Tutu, der ohnmächtig... machtvolle, und wenn es sein muss das Arschloch... der Sichselbstzerstörer...* Schritt um Schritt. Das Kind in Tutu als Erwachsener und umgekehrt: Mann als Frau... Frau als Mann, auf allen Vieren kriechend und bolzgerade aufrecht. Die Augen verraten Nachtwirrnisse. Er geht rückwärts an den Rand der Betonplatte, wippt, schwankt, lehnt sich mit gebogenem Rücken hinaus, rudernde Arme, sein Körper schnellt blitzschnell hoch und landet mit einem präzisen Salto vor der Gartentür. Er klatscht sich in die Hände, jubelt... *Meine Bühne! Meine Stimme wieder hören, die sagt: Du liegst auf dem Rücken im Dunkeln. ...das alles erträumend.*

Ich winke ihm aufmunternd zu, gebe Applaus. In seinem Gesicht antwortet eine Grimasse. Die Falten lachen. Ich schliesse das Fenster

Freitag, um Vierzehnuhrpünktlich, kommen sie. Die ersten Köpfe tauchen hinter der Steigung auf, dann Reihe um Reihe stampfende Füsse, herumirrende Schreie, Wärter vorn und hinten, rechts und links an den Seiten, johlend zuckende Leiber, Stotternde Pfeifende, Muhende, verkrümmte Körper und verbissen Stumme mit gesenktem Kopf oder Kopf im Nacken, himmelwärts guckend.

Da!... Da ist er! ruft ein Wärter und zeigt auf uns: *Holt ihn, holt ihn euch!*

Tutu schwingt sich durchs Fenster ins Innere. Mein Körper gelähmt. Kain und Abel gehen in meinem Kopf herum. Zwei Wärter packen mich, fesseln meine Arme. Sie tragen meinen Körper in den

Krankenwagen, wickeln ihn in eine grüne Wolldecke. Im Dunkeln auf dem Rücken. Das Startgeräusch des Krankenwagens. Das Auto holpert. Aus dem Badezimmerfenster kommt etwas wie ein Jodel... *holohjolodi holodidu ho ho.* Die Krankenwagensirene heult. Der Wagen quietscht um die Ecke. Ich suche meine Hände. Die Augen folgen den Bewegungen des Weissbekittelten. Die rechte Hand setzt die Spritze.

Urs Jaeggi, geboren 1931 in Solothurn, ist Schriftsteller, Maler, Bildhauer. 1965-93 Prof. für Soziologie in Bern, Bochum, New York, Berlin. Veröffentlichung zahlreicher Romane, Erzählungen und Essays. Seit 1985 Einzel- und Gruppenausstellungen als Maler und Bildhauer.

Im Zeichen des Regenbogens

Brigitte Jud

Der Friedhofplatz in Solothurn zieht mich magisch an. Wann immer ich kann, statte ich ihm einen Besuch ab. Schon von Weitem fühle ich seine Ausstrahlung, und wenn ich mich erst einmal auf meine Lieblingsbank gesetzt habe, ist es um mich geschehen. In meinem Magen schwirren wie bei einem verliebten Teenager Schmetterlinge und in den Fußsohlen kribbelt es. Überdeutlich spüre ich, dass unter ihnen Ungeheuerliches verborgen ist: Gräber, die dem Zahn der Zeit trotzten.

Es erscheint mir wie ein Scherz des Schicksals, dass ausgerechnet hier Skelettteile und Knochenreste aus frühalemannischen und kelt-römischen Zeiten entdeckt wurden. Der Name «Friedhofplatz» deutet nämlich nicht auf eine Begräbnisstätte hin. Er wird von «Vrithove» abgeleitet, was so viel wie «Freistaat» bedeutet. Verfolgte genossen hier früher Asylrecht, und mit halb vermoderten Skeletten hat dies etwa so viel gemeinsam, wie die St. Ursenkathedrale mit dem schiefen Turm von Pisa.

Heute ist meine Lieblingsbank bereits besetzt. Als ich gegen sechzehn Uhr auf sie zusteure, lächelt mir eine zierliche jüngere Frau mit kastanienbraunen Haaren entgegen. Sie trägt ein handgewebtes blaues Kleid, schlichte Riemensandalen und ein zum Kleid passendes Haarband, das ihre wirren Locken jedoch nicht zu bändigen vermag. Ihren Hals schmückt ein Lederband mit einer Kristallscheibe, in der sich die umliegenden alten Gebäude und der Himmel spiegeln. Allerdings scheint es der Anhänger mit der Wahrheit nicht allzu genau zu nehmen. Ein Regenbogen glitzert in ihm.

Verblüfft beglotze ich ihn, was der Frau ein belustigtes Schmunzeln entlockt.

«Wird der Regenbogen durch das sich brechende Licht verursacht?», frage ich unsicher.

«Das kann man sehen, wie man will. Jedenfalls ist er ein Symbol für Freundschaft.» Einladend deutet die Fremde neben sich. «Nur keine falsche Scheu! Auf Ihrer Lieblingsbank ist für uns beide Platz.»

«Woher wissen Sie denn, dass es meine Lieblingsbank ist?», erkundige ich mich erstaunt.

«Das habe ich Ihnen angesehen. Wie ist es nun, haben Sie einen Stehplatz gemietet?»

«Nein.» Etwas zögernd setze ich mich.

«Na also, es geht doch!», kommentiert die Frau. Sie streckt mir ihre schmale Hand entgegen. «Ich heiße Flora.»

Ich ergreife sie und bin überrascht, wie zart und leicht sie sich anfühlt. «Mein Name ist nicht so apart wie deiner», bemerke ich. «Ich heiße Brigitte.»

Flora wiederholt meinen Namen mit einem liebevollen Unterton in der Stimme. «Ich bin nach der altrömischen Frühlingsgöttin benannt», meint sie anschließend. «Das ist natürlich heute nicht mehr alltäglich.»

«Nein, aber es passt bestens hierher. Unter dieser Bank befinden sich nämlich kelt-römische Gräber.»

«Ich weiß», lächelt Flora. «Es wurde sogar das Skelett einer jüngeren Frau gefunden. Man erzählt sich, dass sie bei Sonnenuntergang gestorben ist.» Ein Blitz zuckt in ihrem Anhänger auf und der gespiegelte Himmel färbt sich blutrot.

«Na so was!», rufe ich verblüfft.

«Das ist die Abendröte», erklärt Flora mit der größten Selbstverständlichkeit. «Meine Kristallscheibe geht vor, weißt du? Du kennst das ja von den Uhren.» Und als hätte die Uhr des Roten Turms auf dieses Stichwort gewartet, schlägt sie siebenmal.

Mir bleibt der Mund offen stehen.

Flora lacht hell auf. Sichtlich amüsiert betrachtet sie meine fassungslose Miene.

«Das gibt's doch nicht!», wundere ich mich. «Als ich vorhin am Zeitglockenturm vorbeispazierte, ging die Uhr noch exakt.»

«Dann hat sie sich eben einen kleinen Ausrutscher geleistet», meint Flora leichthin.

«Es scheint so», murmle ich. Nachdenklich mustere ich meine neue Bekannte, die mir so viele Rätsel aufgibt. Was für ein Geheimnis verbirgt sich in ihrem Anhänger? Verfügt er etwa über ein raffiniertes Innenleben, das zur Tageszeit passende Bilder produziert? Aber weshalb richtet sich die Uhr des Roten Turms dann nach ihm und gibt Punkt vier die Zeit des Sonnenuntergangs an? Und warum zieht mich Flora derart stark in ihren Bann? Ich kann mich nur noch auf sie konzentrieren. Die Gäste des Straßencafés, den als Minnesänger verkleideten Musikanten, die flanierenden Leute und die herumstolzierenden Tauben nehme ich kaum noch wahr.

«Ist was?», reißt mich Flora aus meinen Gedanken.

Ich schüttle den Kopf.

«Hast du vorhin gesehen, dass der Sonnenzeiger der Zeitglockenuhr genau horizontal steht? Heute ist Frühlingsanfang.»

«Ich weiß», antworte ich. «Meine kleine Enkelin hat heute Geburtstag.»

«Was für ein Zufall!», freut sich Flora. «Ich wurde auch am Frühlingsanfang geboren. Aber das ist natürlich schon eine Ewigkeit her.»

«Nun übertreib mal nicht!», widerspreche ich. «So toll wie du aussiehst, bist du höchstens dreißig. Herzlichen Glückwunsch zum Geburtstag.»

«Danke schön! Und danke fürs Kompliment.» Gespielt stolz wirft sich Flora in die Brust. «Ich bin wirklich noch außerordentlich gut erhalten.»

«Du tust ja, als wärst du ein Grufti!», protestiere ich.

Flora grinst schief. «Schon möglich.»

«Wie alt bist du denn nun wirklich?»

«Das verrate ich dir nicht», entgegnet sie verschmitzt. «Ich will nicht, dass du einen Schock bekommst.»

Ich lache nicht über den Scherz, Floras Kristallscheibe nimmt mich wieder gefangen. In ihr ziehen zu Ziffern geformte Wolken auf. Wild wirbeln sie durcheinander und vereinigen sich zu Zahlen, die immer größer werden. Atemlos verfolge ich das Spektakel.

«Hast du deiner Enkelin ein schönes Geschenk ausgesucht?», versucht mich Flora abzulenken.

Statt zu antworten, beuge ich mich vor.

Sie verdeckt die Scheibe mit der Hand. «Nun?»

«Ja», murmle ich. Verstohlen linse ich zwischen ihren gespreizten Fingern durch. Soweit ich es beurteilen kann, sind wir bereits im dreistelligen Bereich angelangt – und ein Ende ist nicht abzusehen.

Ein irrwitziger Gedanke durchzuckt mich. Nein, das ist unmöglich, sage ich mir. Es gibt keine Geister.

Doch der Gedanke lässt sich nicht vertreiben. Wie eine Angel mit Widerhaken hat er sich in meinem Herzen festgesetzt. Ich schaudere, ziehe die Jacke enger um meine Schultern.

«Guck nicht so!», ruft Flora. «Du brauchst dich nicht zu fürchten. Ich meine es gut mit dir, der Regenbogen verbindet uns als Zeichen der Freundschaft.» Und weil ich sie noch immer mit weit aufgerissenen Augen anstarre, beginnt sie ein beruhigendes Lied zu summen. Es scheint sich um ein Schlaflied aus früheren Zeiten zu handeln. Sanft dringt die Melodie an mein Ohr.

Ich gähne. Müdigkeit macht sich in mir breit. Ich versuche mich dagegen zu wehren, habe jedoch keine Chance. Meine Lider werden schwerer und schwerer, ich lehne mich benommen zurück und mein Kopf sinkt auf meine Brust. Das Letzte, was ich höre, ist ein leises, triumphierendes Lachen ...

Die Zeitglockenuhr schlägt fünf. Ich zucke zusammen und reiße die Augen auf. Verwirrt sehe ich mich um. Es dauert eine ganze Weile, bis ich realisiere, wo ich mich befinde. Ich fasse es nicht!, denke ich. Da bin ich doch wirklich wie eine uralte Frau auf der Parkbank eingedöst.

Verschämt spähe ich zum Straßencafé. Nein, niemand hat mein Missgeschick mitbekommen. Ich rekle mich und staune über meinen seltsamen Traum. Na ja, wenn man die kelt-römischen Gräber mehrmals pro Woche besucht, verfolgen sie einen wohl irgendwann bis in den Schlaf. Und wer weiß: Vielleicht liegt hier ja tatsächlich eine Frau namens Flora begraben. Möglicherweise war es sogar ihre Ausstrahlung, die ich so stark fühlte. Ich nehme mir vor, gelegentlich Nachforschungen über die Gräber anzustellen.

Nun, da ich richtig wach bin, beginnt es in meinen Füßen wieder zu kribbeln. Doch diesmal bleibt es nicht dabei. Das Kribbeln erfasst meine Waden, steigt höher und setzt sich in der linken Hüfte fest.

Einem plötzlichen Impuls folgend greife ich in meine Jackentasche. Und was ziehe ich daraus hervor? Eine wohlbekannte Kristallscheibe, in der ein wunderschöner Regenbogen glänzt.

Brigitte Jud (*1953) veröffentlichte zahlreiche Kinder- und Jugendbücher und setzt sich seit vielen Jahren in Schulen und Bibliotheken für Leseförderung ein. 2011 verlieh ihr der Kanton Solothurn den Preis für Literatur, 2003 einen Werkjahresbeitrag und 2000 erhielt sie den Literaturpreis der Regiobank Solothurn.

Semisopochnoi Island

Armin Heusser

Häufig habe er, das Kind, in der Hofstatt beim Nussbaum im Gras gelegen, inmitten der summenden Insekten, und er habe den weiten Himmel abgesucht nach Wolken, Lerchen, Krähen, Bussarden und dem Milan, nachts auch nach Sternen, Monden und anderen Himmelskörpern und er habe beobachtet, wie sich alles immer verändert, also bewegt habe, und er habe sich vorgestellt, dass alles, was sich bewege, und, es bewege sich alles, miteinander in Verbindung stünde und auf eine geheimnisvolle Art gesteuert würde, wie Marionetten, von jemandem, den man, möglicherweise wegen seiner schieren Grösse, gar nicht sehen könne. Ich müsse mir das so vorstellen: Er, das Kind, habe im Gras gelegen und ein Riese sei geflogen, irgendwo am Himmel, unsichtbar, und zwischen ihm und diesem fliegenden Riesen seien Wolken getrieben wie eine Truppe zerfledderter Wale, und sie seien alle in dieselbe Richtung gefleddert, nach Norden, und am Berg, am Jura, seien sie gestrandet und zerschellt, und Heinz, einer seiner Brüder, hätte ihm erzählt, es sei der Wind, der alle Wolken

129

in dieselbe Richtung treibe, der sei nicht sichtbar, der Wind, dies
sei eine Frage der Physik und Tante Marie hätte ihm erzählt, dass
Gott den Wind mache, daran sei zu glauben, ER, Gott, so hätte sie
gesagt, sei der Kommandant von allem, auch des Windes, ER habe
alles geplant, Alles, ER sei nicht sichtbar, aber alles was sichtbar
sei, habe ER erschaffen, in sieben Tagen, ER würde nicht stranden,
niemals würde ER stranden, niemals zerschellen, mit leichter Hand
triebe ER auch den Wind, unsichtbar und allmächtig sei ER und
er, das Kind, habe darauf vertraut, was Heinz und Tante Marie ihm
erzählt hätten, Heinz sei stark gewesen, sehr stark und Marie hätte
schon sehr lange gelebt und geglaubt gehabt: Gott, der unsichtbare
Gott, hätte also den Wind getrieben, der auch nicht sichtbar gewesen
sei, aus physikalischen Gründen, wie Heinz gesagt hatte, der aber
unsichtbar wie Gott, die Wolken auf den Berg gefleddert hätte, und
dort seien sie gestrandet und zerschellt, die Wolken, wie Wale, sie
hätten sich in neblige Fetzen aufgelöst: es gebe also keinen Riesen,
aber einen Gott und alles, Alles, bewege sich nach seinem Plan.

Er, das Bolderkind, habe also auf dem Rücken im Gras gelegen inmitten summender Insekten und habe Gott gesucht, der irgendwo geflogen sei am weiten Himmel, anstelle des Riesen, und er hätte sich
gewünscht, ihn sehen zu können, diesen Gott, genau so einfach, wie
er Heinz und Marie, wie er die Wolken, Lerchen, Krähen, Bussarde
und den Milan gesehen habe, er habe Gott sehen und sich mit ihm
vergleichen wollen, sei er doch, das Kind, laut Marie, nach Gottes
Plan gemacht worden, aber, der Bruder Heinz habe diese Suche
leichthin als Spiel bezeichnet, Heinz habe leicht reden gehabt, alle
hätten gewusst, dass er stark sei und vielleicht hätte auch Gott Angst
gehabt vor Heinz, aber der habe das gar nicht wissen können, weil er
so sicher gewesen sei und nicht zum Himmel geschaut habe und die
Wolken nicht gesehen habe, die alle in dieselbe Richtung gefleddert
und am Berg, am Jura, zerschellt seien, und so habe Heinz auch die

flatternden Lerchen, die tanzenden Krähen, die kreisenden Bussarde und den stolz schwebenden Milan nicht gesehen und habe, logisch, auch den Wind nicht gesehen und hätte nicht gewusst, dass man sich an Gott, der unsichtbar sei, messen müsse: Heinz hätte nichts gewusst, hätte keine Fragen gehabt und das habe ihn stark gemacht, sicher und ohne Plan.

Wie Heinz habe er, das Bolderkind, den Wind nicht gesehen, nur gehört habe er ihn, den Wind, die Wolken habe er nicht gehört, jedoch habe er gesehen, wie sie alle in dieselbe Richtung gefleddert und am Berg, am Jura, zerschellt seien, und er habe die trillernden, flatternden Lerchen, die krächzenden, tanzenden Krähen, die schreienden, stürzenden Bussarde und den rufenden, kreisenden Milan gehört und er habe gesehen, wie die Vögel dem Wind nicht nur widerstanden, sondern vielmehr mit ihm gespielt hätten.

Wie Heinz und Marie habe er, das Kind, Gott auch nicht gesehen, aber er habe die auf den Jura getriebenen, fleddernden Wolken und die spielenden, tanzenden Vögel gesehen und sie auch gehört, schreiend im Wind, und, er habe gelesen gehabt, wie man Fallen stelle, und so habe er den Wolken, den sicht- aber unhörbaren, eine Falle stellen wollen, eine Wolkenfalle, die auch eine Falle für den Wind gewesen wäre, den hör- aber unsichtbaren Wind, und somit auch eine Falle für Gott, nicht aber für die Vögel am Himmel.

Er habe die weisse Watte und den Blumendraht nicht vergessen gehabt, und so habe er sich aus Watte eine Wattewolke zurechtgezupft und er habe sie auf den dünnen Draht gesteckt und habe sie GEGEN den Wind bewegt, diese Wolke auf dem dünnen Draht, gegen Süden, weg vom Berg, dem Jura, weg auch von seinem eigenen Gesicht, er habe sie bewegt zwischen seinen Augen und jenen Gottes, der unsichtbar irgendwo am Himmel geflogen sei, und er sei sicher gewesen, dass Gott den Draht nicht hätte sehen können, der Draht sei sehr dünn gewesen und die Wattewolke habe sich zwischen Gott und ihm befunden, der im Gras gelegen und die Wattewolke bewegt habe, langsam bewegt, und er habe fest daran geglaubt, dass Gott eine Wolke sehen würde in jenem Moment, die, wie die Vögel, dem Wind nicht gehorcht habe, und er, das Kind, habe von Gott, der doch hätte eingreifen müssen in jenem Moment, nichts gehört und nichts gesehen, alles sei also seine eigene Erfindung gewesen, und so habe er das Zweifeln entdeckt.

Er sei ein scheues und eigenwilliges Kind gewesen, und so habe er das verwitterte, verlassene Bienenhaus zwischen dem verwilderten Garten und dem Nussbaum in der Hofstatt zu seinem Ort gemacht, dafür hätten sich die Erwachsenen nicht interessiert, hier habe er sich eingerichtet zwischen Gerümpel, alten Gartenwerkzeugen und den seltsamen Imkergeräten, in diesem verstaubten, seltsamen Museum der Imker- und Gärtnerkunst habe er einen grossen Teil seiner Kindheit verbracht, er habe sich wohl gefühlt darin, nur schon wegen des Geruchs nach Wachs und Honig, der sich noch Jahre nach dem Verschwinden des Imkers und der letzten Bienen gehalten habe, vor allem in der Wärme des Sommers, von hier aus habe er die Welt beobachtet und entdeckt, er habe sie gezeichnet und beschrieben und Entwürfe zu ihrer Verbesserung gemacht, er habe dort seine Werkstatt eingerichtet, er habe seine Konstruktionen begonnen, er habe, aus Holzresten, kleinen Brettchen, Schindeln, Papier, Karton und all dem Kram, den ein Kind im Dorf habe finden können, mit Hilfe von Nägeln, Schrauben, Drähten, Leim und Farbe allerlei Modelle von Gerätschaften, Schwimm-, Fahr- und vor allem Flugzeugen gebaut und noch heute schwebe dort, unter dem First an einer Schnur, eines der besagten Fluggeräte, ein verstaubtes Modell mit beschädigtem Höhenruder, und er erinnere sich, wie er früher damit an einem Sommerabend Steigflugversuche durchgeführt habe bis zum Wipfel des

Nussbaums und wie er habe beobachten können, dass die Thermik, die auch den Milan und die Krähen trüge, die Thermik der warmen Sommererde, bis ins Universum reichen könne, und er habe sich überlegt, wie mit geeigneten konstruktiven Massnahmen die Maschinen in der Lage sein müssten die Welt zu umkreisen, und diese Beobachtung habe ihn zu der Frage geführt, wie viel man von Russland oder Amerika sehen würde aus dieser Himmelshöhe, Russland oder Amerika, auf der anderen Seite der Welt, und so habe er Fern- oder Heimweh entdeckt.

Seine Flugapparate aus dem Bienenhaus seien später von Martins, Douglas, Lockheed und Boeing nachgebaut worden, ungefragt, grösser, besser, und diesen Diebstahl habe er nur zufällig entdeckt, bei einem Besuch mit seinen Brüdern im Verkehrsmuseum zu Luzern, und das habe ihn zunächst wütend gemacht, später aber hätte ihn eine dieser Boeingkopien selber in die Welt gebracht, nach Paris, Wien, Kopenhagen, Montreal und Kyoto, und in dieser Maschine sei er am 17. Januar 1987, mittags, in Anchorage zum Auftanken gelandet und habe sich in der Transithalle aufgehalten und aus einem Kartonbecher den dünnsten Kaffee der Welt geschlürft, hellbraunes, übersüsstes, heisses Wasser, und habe den Blick durch die Panoramafenster hinauswandern lassen über den fast leeren Parkplatz in die weite Winterlandschaft bis hinüber zur fremden Stadt und die gleissenden Berge dahinter, sein spontaner Wunsch, für ein paar Sekunden die durch Karl May geheiligte amerikanische Erde betreten zu dürfen, sei vom Grenzbeamten abgeschmettert worden mit dem Verweis auf das fehlende Visum, die Feuerwaffe und den gouvernalen Schiessbefehl. Der Mann hätte von Karl May offenbar nichts gewusst.

Wieder an Bord habe er sich angeschnallt, und die Maschine sei zur Startbahn gerollt, die Triebwerke hätten aufgeheult, von ihrem Schub sei er in den Sitz gedrückt worden, und knapp über dem Fjord habe der Pilot den Flieger hochgezogen bis auf eine Höhe von elftausend Metern über dem Meer und nach Westen gesteuert in Richtung Japan. Man sei den aleutischen Inseln entlang geschwebt, diese lägen aufgereiht wie Perlen an der bogenförmigen Kette zwischen dem amerikanischen und dem eurasischen Kontinent, Pazifik und Beringsee begrenzend und er habe Semisopochnoi Island überflogen, den westlichsten Punkt Amerikas. Dieses Eiland sei vulkanischen Ursprungs, der Name russischer Herkunft und bedeute: «sie hat sieben Hügel». Ihre Form erinnere gewiss an sieben von einem Riesen ins Wasser geschaufelte und zusammengestossene Erd- oder Sandhaufen, von schmutzigem Schnee bedeckt und umhüllt von Wolkenfetzen. Jedoch trüge die Erscheinung: Es seien das Millionen von schreienden, kreischenden Seevögeln, die dort jagten, zankten, nisteten, brüteten und am Himmel kreisten, und der Schmutzschnee erweise sich als der Kot der Vögel, seit Ewigkeiten als sinnlose Fruchtbarkeit abgelagert. Von diesem einsamen, unwirtlichen Ort aus sei wohl nichts anderes zu sehen als die im Sturm tobenden Wassermassen der Beringsee und rasende Wolken am Himmel – durch das unaufhörliche Geflatter der Vögel verdunkelt. Es sei ein magischer Ort, eine geheimnisvolle Zeitmaschine. Es sei der einzige Ort auf dem blauen Planeten, an dem es möglich sei, mit einem einzigen Flügelschlag ins Gestern zu gelangen, das somit zum Heute würde und weiter ins Morgen, das zum Heute oder Gestern werde. Dieser Vorgang, das ständige Kreisen in der Zeit, über der Zeit und durch sie hindurch sei dort ohne Pause, von Mitternacht zu Mitternacht, von Tag zu Tag bis ans allerletzte Ende. So habe er, dank der Vögel, nicht mehr Bolderkind, über Semisopochnoi Island das Geheimnis erkannt.

Armin Heusser, geboren 1952 in Spiez, ist im solothurnischen Wasseramt aufgewachsen und hat sich seit den 70er-Jahren in Solothurn, Paris, Danzig, Mělník, Montréal, Kyoto, Genua und Venedig mit Malerei, Skulptur, Photographie, Ausstellungsbau und Texten beschäftigt. Er lebt heute wieder in Solothurn.

CSI Solothurn

Christina Gasser

«Der Mörder ist letztlich immer der angeblich Unschuldige, den man von Anfang an im Visier hatte», philosophierte Lanz und blickte in ein blinzelndes Augenpaar.

«Was wollen Sie damit andeuten?»

«Denken Sie mal scharf darüber nach, Lüthi!»

Lüthis Augen weiteten sich. «Sie verdächtigen doch nicht etwa *mich*?!» Die Frage kam etwas zu prompt, war in der Tonlage etwas zu hoch.

«Gäbe es denn einen Grund, Sie zu verdächtigen?»

«Ich weiss nicht. Ich meine … *nein*, natürlich nicht!»

«So, so», kommentierte Lanz, das letzte ‹So› etwas ausgiebiger dehnend. Er wusste, dass es beim Gegenüber Unsicherheit auslösen würde.

«Wie meinen Sie das?»

Lanz unterdrückte ein Grinsen.

«Nun, das bedeutet, dass Sie definitiv unter Verdacht stehen, Frau

Suters Katze erschlagen und in der Verenaschlucht vergraben zu haben! Die Schlucht liegt ja ganz in der Nähe Ihrer Wohnung, ist sozusagen nur ein *Katzensprung* entfernt, nicht wahr?»

«Was? Nein! Damit habe ich nichts zu tun, ich schwör's!»

«Auf die Bibel? Bedenken Sie, morgen ist Ostersonntag!»

Lüthi schüttelte energisch den Kopf. «Ich habe die Katze *nicht* umgebracht!»

«Sicher?»

«Hundertprozentig!»

Lanz musterte sein Vis-à-Vis aufmerksam. Lüthi bemühte sich auffällig um Gelassenheit, aber seine steife Körperhaltung verriet innere Anspannung. Selbst feine Mimikzuckungen waren Lanz nicht entgangen, und auch nicht, dass Lüthi nervös die Hände knetete, die er so sorgfältig unter dem Tisch zu verbergen versuchte.

«Ich habe ein Alibi!», versicherte Lüthi.

«Ach?»

«Ja, für die Tatzeit!»

«Woher wissen Sie denn, wann das Tier getötet worden ist?»

«Na, die alte Hexe ...»

Lanz räusperte sich umständlich.

«Ehm, ich meine *Frau Suter*», korrigierte Lüthi, «ist heute Morgen wie eine Furie auf mich los. Als ich vom Joggen nach Hause gekommen bin, hat sie mich schon vor meiner Tür erwartet. Ich wohne nebenan. Dort hat sie mich als *Katzenhasser* und *Miezenmörder* beschimpft. Abartig!»

«So, so. Wann sind Sie denn vom Laufen heimgekommen?»

«Um halb zwölf.»

«Sicher?»

«Nein, sicher bin ich mir eben nicht», jammerte Lüthi und rieb sich die Stirn. «Ich weiss es nicht mehr genau. Vielleicht war es auch ... zwanzig vor zwölf.»

«Oder früher?»

«Nein, früher auf keinen Fall!»

«Sind Sie sicher?»

«Ja, *ganz* sicher!»

«Waren Sie wütend?»

«Wütend? Naja, die Alte hat mich *grundlos* beleidigt! Hat mich beschuldigt, ihren *Simba* entführt und getötet zu haben. Gewettert hat sie, die blöde Kuh, und dabei das halbe Haus zusammengeschrien! Aber ich habe der dämlichen Katze *nichts* getan! Ich war am Donnerstagabend gar nicht zu Hause.»

«Wo sind Sie denn gewesen?»

«Mit meiner Freundin im Kino.»

«Ach?» Lanz zog die rechte Augenbraue hoch.

«Ja, wir haben uns *Die Tribute von Panem* angesehen. Das können Sie gerne nachprüfen!»

«Wenn wir Ihre DNA beim Katzenkadaver finden, wird die Überprüfung des Alibis hinfällig sein.»

«Aber ich sage Ihnen doch, das Vieh habe *ich* nicht umgebracht!»

«Gut», schloss Lanz und zuckte mit den Schultern, «wenn Sie das sagen … ich glaube Ihnen.»

«Was?», entfuhr es Lüthi, überrascht ob dem unverhofften Befragungsende. «Tatsächlich?»

«Absolut.»

Ein flüchtiges Lächeln huschte über Lüthis Gesicht. «Ehm … gut. Danke, Mann!»

«Wie bitte?»

«Ich meine, danke, Herr *Kommissar*.»

«Herr Kommissar? Das klingt gut.»

«Kann ich jetzt gehen?»

«Wohin?»

«Na, ich denke, ich stehe nicht mehr unter Verdacht! Ich will nach Hause.»

«Natürlich. Sie dürfen gehen, Herr Lüthi.»

«Merci.» Er schob den Stuhl zurück und bewegte sich rasch Richtung Tür.

«Ach, einen Moment noch. Fingerabdrücke und eine Speichelprobe wären nett.»

«Dürfen Sie das denn? Sie haben doch gesagt …»

«Wichtige Routine, Sie verstehen.» Lanz setzte ein freundliches Gesicht auf. Damit wollte er aber keineswegs Sympathie erheischen, sondern einzig Überlegenheit ausstrahlen.

«Muss das sein?» Lüthis Stimme wurde zittrig.

«Ja, es muss. Wenn Sie bitte den Flur entlanggehen und dann die letzte Tür rechts anvisieren würden, wäre das ganz prima. Dort wird man Sie weiter instruieren.»

Lüthis Mimik drückte Widerwillen aus. «Eigentlich hab' ich's eilig. Meine Freundin wartet.»

«Melanie Leuenberger?»

«Ja, aber woher …»

«Wartet sie bei Ihnen zu Hause?», unterbrach Lanz.

«Ja! Kann ich jetzt gehen?»

«Datensicherung dauert nicht lange.»

Kein Ausweichmanöver schien zu fruchten.

«Na gut», knurrte Lüthi.

«Besten Dank für Ihre Kooperation, Herr Lüthi. Auf Wiedersehen.»

«Ja, ja», grummelte der Verabschiedete und zog rasch die Tür hinter sich zu.

«Das war doch eine unterhaltsame Vernehmung, oder nicht?», witzelte Lanz.

«Du bist ein Idiot!», wies ihn seine Kollegin zurecht. Sie stand auf und schob den Hocker energisch unter Lanz' Schreibtisch.

«Du hast deinen Spass und *ich* darf alles protokollieren! Vielen Dank.»

«Komm schon, Sandra, das war doch lustig!»

«Du bist ein *Idiot!*»

Lanz lachte.

«Fingerabdrücke und Speichelprobe wegen einer getöteten Katze? Heute hast du dich wirklich selbst übertroffen!»

«Merci.»

«Sei bloss vorsichtig! Irgendwann hast du selbst eine Anzeige wegen Schikane am Hals, und selbigen werde ich dir dann nicht retten, mein Freund.»

«Dazu wird es nie kommen.»

«Hoffen wir's. So ein blödes Theater weger einer toten *Mieze*, und das am Samstagmorgen!»

«*Ich* habe die Anzeige nicht aufgegeben.»

«Richtig, die Alte war's.» Bader schüttelte den Kopf. «Frau Suter ist doch nicht mehr ganz richtig im Kopf! Glaubt ständig bedroht zu sein und sieht überall Mörder herumrennen.» Beim Wort *Mörder* zeichnete Bader imaginäre Gänsefüsschen in die Luft und verdrehte die Augen.

«Sei froh, dass es solch aufmerksame Mitmenschen gibt.»

«Ja, ja.»

Lanz grinste.

Bader öffnete die Bürotür und trat in den Gang hinaus.

«Was ich noch sagen wollte», warf ihr Lanz nach, «das ist kein simpler Katzenentführungsfall. Vielleicht hatte Frau Suter wirklich recht und man wollte damit ein Exempel statuieren, ihr Angst machen! Womöglich war die tote Katze eine Warnung: Sie wurde aus tiefstem Herzen gehasst, dann kaltherzig erschlagen und schliesslich halbherzig vergraben.»

Bader seufzte. «Gib mir Bescheid, wenn du den ominösen Mörder gefasst hast, Sherlock.»

«Das werde ich, keine Sorge!»

In diesem Moment klingelte das Telefon.

«Kantonspolizei Solothurn, Tino Lanz am Apparat.»

Es dauerte nur wenige Sekunden, um Lanz erblassen zu lassen. Er schnippte mit Mittelfinger und Daumen und erregte damit Baders Aufmerksamkeit. Lanz winkte sie zurück ins Büro und wies sie stumm an, die Tür hinter sich zu schliessen. Weil Bader beim Anblick von Lanz' kalkweissem Gesicht einen weiteren Scherz ausschliessen konnte, leistete sie seiner Aufforderung Folge.

«Danke, Markus», hörte sie Lanz sagen, «wir machen uns auf den Weg.»

«Was ist denn los?» Bader liess sich auf jenem Stuhl nieder, auf dem kurz zuvor Lüthi gesessen hatte.

«Frau Suter», flüsterte Lanz, «ist tot! Eine Nachbarin hat sie vor wenigen Minuten in der Wohnung gefunden. Also um...», er warf einen Blick auf seine Armbanduhr, «fünfzehn Uhr dreiundvierzig.»

«Was?!»

«Scheint sich um ein Gewaltverbrechen zu handeln.»

«Dann los! Worauf warten wir noch? Ambulanz vor Ort?»

Lanz nickte.

«Gut, informier den Forensiker! Ich kümmere mich um Lüthi. Die Kollegen sollen ihn noch hierbehalten.»

«Okay», klang es leise.

«Tino, reiss dich zusammen!»

«Ja», flüsterte er, «ich schaff' das!»

«Das will ich dir auch raten! Los jetzt!»

Die Untersuchungen kamen Lanz wie eine Ewigkeit vor. Er verabscheute Tatorte wie diese.

«Also, Schneider, wie ist die Frau zu Tode gekommen?», wollte Bader wissen, als sie draussen beim Krankenwagen standen.

«Das ist noch nicht eindeutig geklärt», sagte der Arzt, der zur Legalinspektion gerufen worden war.

«Und was *ist* geklärt?», schaltete sich Lanz ein.

«Der Forensiker ist noch dabei, Spuren zu sichern. Details lassen auf sich warten. Klar ist hingegen, dass das Opfer gewürgt worden ist und sich heftig dagegen zu wehren versucht hat.»

«Scheint nicht viel genützt zu haben.» Ein Verlegenheitsgrinsen war im Anflug, verlor sich aber kommentarlos wegen Baders flüsternder Zurechtweisung.

Ungeachtet der kollegialen Diskrepanz fuhr der Mediziner fort: «Wie Sie selbst in Augenschein nehmen konnten, ist die alte Dame gestürzt und hat sich den Hinterkopf aufgeschlagen. Möglicherweise war dies ihr Todesurteil.»

«Dann ist sie nicht durch Erwürgen, sondern auf Grund des Sturzes gestorben?»

«Sie hat eine Gewalteinwirkung am Hinterkopf erfahren, was ein Aufprall nach einem Sturz verursacht haben könnte. Genaueres wissen wir aber erst nach der Obduktion.»

«Natürlich.»

«Wie lange ist sie schon tot?», fragte Lanz.

«Möglicherweise acht, maximal neun Stunden.»

Lanz runzelte die Stirn. «Sie haben gesagt, die alte Dame hätte sich gegen den Angreifer zur Wehr gesetzt. Woraus schliessen Sie das?»

«Es waren diverse blaue Flecken an ihrem Körper erkennbar.»

«Herrührend von einem Kampf?»

«Jedenfalls nicht vom Sturz.»

«Könnten Sie das präzisieren?»

«Es handelt sich um Hämatome im Gesicht, am Hals, an den Unterarmen und beiden Handgelenken.»

«Blutergüsse im Gesicht? Wurde sie geschlagen?»

«Möglicherweise. Wir werden auch Abdrücke von ihrem Gebiss anfertigen.»

«Zahnabdrücke? Wieso das? Wir wissen doch, wer sie ist!»

«Es wäre möglich, dass sie den Spurenverursacher gebissen hat. Abdrücke helfen uns bei der Spurenabgleichung. An ihren Zähnen könnten Hautpartikel vom Angreifer zu finden sein.»

Lanz verzog angewidert das Gesicht. «Sie hat den Angreifer tatsächlich gebissen? Ah nein», korrigierte er sich selbst, «sie hat den Mörder *möglicherweise* mit ihren Zähnen verletzt.»

Bader unterdrückte ein Schmunzeln.

«Finden Sie das spassig, Lanz? Rechtsmedizin ist eine ernsthafte Wissenschaft.»

«Natürlich», gab sich Lanz demütig.

«Zweifeln Sie meine Arbeitsweise an?» Schneiders Mimik blieb ausdruckslos.

«Nein, keineswegs.»

«Gut. Meine Arbeit ist vorerst beendet. Die Leiche kann jetzt abtransportiert werden.» Schneider verzog keine Miene. Sein Gesicht war ebenso aschfahl wie jenes der jeweils zu examinierenden Leichen.

«In Ordnung», sagte Bader. «Vielen Dank, Schneider.»

«Das ist mein Job», sagte er knapp und verabschiedete sich.

Lanz empfahl sich ebenfalls und fasste einen kurzen Moment später seine Kollegin am Arm, zog sie eilig mit sich.

«Hey, was soll das?», beschwerte sie sich.

«Mir ist etwas eingefallen.»

«Was denn?»

«Du erinnerst dich doch an das Verhör von heute Nachmittag.»

«Unvergesslich, ja.»

«Dieser Kerl, Lüthi, der war mir von Anfang an suspekt. Ich glaube, der ist tatsächlich in die Sache verstrickt!»

«Wie bitte?»

«Ich denke, dass *er* Frau Suter getötet hat! Es passt alles zusammen: Sie hat ihn als Katzenhasser betitelt, Lüthi fühlte sich persönlich angegriffen, ist ausgeflippt, hat die Alte in ihre Wohnung zurückgedrängt, wollte damit dem Gerede der Nachbarn oder deren

Aufmerksamkeit entgehen und gleichzeitig die keifende Alte zum Schweigen bringen. Diese ist aber beim ungemütlichen Gerangel gestürzt und somit zu Tode gekommen. Passt wie die Faust aufs Auge!»

Bader nickte.

«Lüthi hat doch gesagt, er sei von Frau Suter um halb zwölf angeblafft worden, weil sie dachte, er hätte ihre Katze entführt und ermordet.»

«Ja, und?»

«Erstens, er hat gelogen, was die Uhrzeit betrifft, denn zu diesem Zeitpunkt war Frau Suter längst mausetot! Zweitens, ich glaube, dass seine *Freundin* die Katze beseitigt hat. Siamkatzen sind ziemlich quängelig und laut. Als Nachbar kann einem das bestimmt den letzten Nerv oder gar den Schlaf rauben!»

«Stimmt! Und Lüthi war nicht besonders kooperationsbereit während der Vernehmung. Er schien tatsächlich etwas zu verbergen.»

«Exakt! Ausserdem war der Katzenkadaver in ein Hello-Kitty-Frotteetuch gehüllt. Es *muss* also eine Frau, sprich Lüthis Freundin gewesen sein, denn nenn mir einen einzigen Mann, der zu Hause Hello-Kitty-Wäsche hat!»

«Eher ungewöhnlich», stimmte Bader zu.

«Ungewöhnlich? Eher *ausgeschlossen!*»

«Ja, Vollprofis waren nicht am Werk. So viel steht fest.»

«Genau! Erinnere dich, was Schneider gesagt hat: Die alte Dame hat sich zur Wehr gesetzt.»

«Und?»

Lanz legte seine Hände um Baders Hals. «Wie würdest du dich aus dieser misslichen Lage befreien?»

«Ich würde dir in die Eier treten!»

Lanz hob die rechte Augenbraue. «Du sollst dich in die Rolle einer alten, rundlichen *Dame* versetzen, Sandra! Was würde sie tun?»

Bader ballte ihre Hände instinktiv zu Fäusten, riss ihre Arme mit einem Ruck nach oben und schmetterte damit Lanz' Würgegriff ab.

«Voilà! Damit hätte ich zwei wunderbare blaue Flecken an meinen Unterarmen kassiert!»

«Oder ein paar Kratzer, wenn ich dir die Fingernägel ins Fleisch gerammt hätte!»

«Sehr gut», grinste Lanz. «Und weisst du was? Als Lüthi sich während der Vernehmung kurz an die Stirn gefasst hat, ist mir unterhalb seines Handgelenkes ein Hämatom aufgefallen.»

«Weshalb bist du dir sicher, dass es vom Handgemenge mit Frau Suter stammt?»

«Instinkt! Ausserdem, fandest du es nicht merkwürdig, dass ein junger, gesunder Mann an einem sonnigen Tag wie heute ein langärmliges Shirt trägt?»

«Nein, warum?»

«Na gut, du bist eine Frau und Frauen frieren eigentlich immer. Selbst bei plus fünfundzwanzig Grad!»

Baders Augen verengten sich zu Schlitzen.

«Ist doch wahr! Wir Männer können selbst im Winter T-Shirts tragen!»

«Das ist natürlich *sehr* verdächtig.»

Lanz überhörte den ironischen Unterton.

«Allerdings! Damit lässt sich erklären, dass Lüthi mittels langärmeligem Shirt etwas an seinen Armen zu verstecken versucht hat! Und ich glaube nicht, dass es sich dabei um ein schlecht gemachtes Tattoo handelt.»

«Wohl eher um *blaue Flecken*, Biss- oder Kratzspuren!», dämmerte es Bader.

Lanz nickte zufrieden.

«Wir müssen Lüthis Freundin verhaften!»

«Definitiv», sagte Lanz, «aber willst du mir nicht zuerst danken, dass ich Lüthi heute aufs Revier gebeten und auf Abgabe seiner *Speichelprobe* bestanden habe?»

Bader schüttelte amüsiert den Kopf. «Du Genie!»

Lanz grinste breit.

«Dann los, verhaften wir die Katzenmörderin!»

«Hier wird sie gewiss nicht sein. Ihre eigene Wohnung liegt in Biberist», klärte Lanz auf.

«Woher weisst du das?», fragte Bader verblüfft.

«Nenn mich *Sherlock!*», zwinkerte ihr Lanz zu.

Bader lachte und startete den Motor des Dienstfahrzeuges.

Christina Gasser (*1975) ist in Luterbach aufgewachsen und wohnt mittlerweilen in Lostorf – sie ist somit dem Kanton SO sowohl beruflich als auch privat treu geblieben. «Heimat ist nämlich nicht nur dort, wo man Familie und/oder Freunde hat, sondern wo man sich wohl fühlt. So ist mir beispielsweise die Einsiedelei (besser bekannt als ‹Verenaschlucht›), nebst Städtchen an der Aare, zweifellos ein wundervoller und immer wieder gern besuchter Erholungsort. Ein Arabisches Sprichwort besagt: *Ein Buch ist ein Garten, den man in der Tasche trägt.* Dieses Bild gefällt mir sehr gut – und genau das möchte ich: Geschichten schreiben, die man gerne liest, die erheitern, aber auch zum Nachdenken anregen.»

Unausweichliches Solothurn

Walter Schenker

Der ich mich auf dem nicht ganz ungefährlichen Weg zum Nobelpreis befinde, hat es mich angemacht, aus dem Bücherschrank ein Buch zu holen, das von niemand anderem stammt als von Carl Spitteler, dem bisher ja einzigen in der Schweiz geborenen Nobelpreisträger für Literatur. Das Buch, seit der Studentenzeit in meinem Besitz, hat alle Umzüge heil überstanden, ist eine Broschur und trägt den Titel «Meine frühesten Erlebnisse». Der Umschlag hat eine dunkle blaugrüne Farbe, die Lettern sind golden. Es ist verlegt bei Eugen Diederichs in Jena 1914, und eine unbekannte Hand hat auf dem Vorblatt mit Bleistift vermerkt: Erstausgabe. Auch der Preis, den ich damals entrichtet habe, steht in Bleistiftschrift: 7.50 (Franken).

Das Exemplar ist aufgeschnitten und innen leicht stockfleckig. Ich hatte es noch nie geöffnet. Das merke ich daran, dass die Seiten, wenn man sie durchblättert, noch aneinanderkleben und fast magnetisch knistern, wenn man sie bewegt.

Noch kein Mensch hat also in diesem Exemplar gelesen.

Und ich bin mir auch sicher, in diesem Augenblick der allereinzige Leser von Spittelers Buch zu sein. Brigitte hält es ebenfalls für ausgeschlossen, dass außer mir sonst noch jemand von den Milliarden Erdenbürgern ausgerechnet jetzt in Carl Spittelers frühesten Erlebnissen lesen würde.

Aus germanistischem Wissen ist mir hängengeblieben, dass Spitteler sein erstes Buch unter dem Pseudonym Carl Felix Tandem veröffentlicht hat, was «endlich glücklich» bedeutet. So sehr muss er es genossen haben, dass er einen Verlag gefunden hatte.

Ich habe die himmelblauen Leinenbände seiner Gesamtausgabe als Gymnasiast in Händen gehabt. Ist er durch sie recht eigentlich begraben worden?

Ich könnte, gäbe es nicht BoD, auch lebendig begraben sein. Aber mir genügt jeweils das Referenzexemplar von BoD mit seiner Möglichkeit, dass nach ihm unzählige Bücher hergestellt werden können. Was will ich mehr?

Und so muss es nun auch für Carl Spitteler genügen, dass ich derzeit der einzige Leser von seinen frühesten Erlebnissen bin.

Ich lese also. Und staune schon auf den ersten Seiten, darüber nämlich, dass Spittelers früheste Erinnerungen bereits in seinem ersten Lebensjahr einsetzen. Und wenn er den Inhalt seiner Erlebnisse gegen Ende seines ersten Lebensjahres zusammenfassen müsste, so würde er sagen: «Viel Gras und Liebe» – er zweifle, ob er in seinem ganzen späteren Leben wesentlich Neues dazu erlebt hat. Und zwar bedeutete ihm in seinem ersten Jahr die Großmutter sein Glück, seine Poesie, sein verklärtes Ich, die Großmutter und ihre Wirtsstube, sodass er dann auf Seite 86 sich umgekehrt fragt: «Was wollen die Menschen in einer Wirtsstube, wenn keine Großmutter darin ist?» Ich nehme es zur Kenntnis.

Aber ich muss jetzt der Reihe nach erzählen, damit man mir glaubt. Denn ich hatte ja keine Ahnung, dass Spitteler sich in diesem Buch «in jubelndem Staunen der Bewunderung» ausgerechnet über Solothurn, die Stadt meiner Herkunft, auslassen sollte als seine «Märchenstadt mit goldenen Dächern», dies einzig deshalb, weil er einst als dreijähriges Kind mit seiner Mutter auf der Durchfahrt anderthalb Stunden in Solothurn geweilt hat. Immer von Neuem müsse sein Verstand mühsam das Gold abschaben, damit er Solothurn in Gedanken sehe, wie es in Wirklichkeit ist. Aber immer wieder würden die Dächer unweigerlich golden. Er berichtet: «Als junger Mann in Russland träumte mir nie von meiner Heimat Liestal, oft dagegen von Solothurn.» Solothurn ist so sehr seine «Sehnsuchtsstadt», dass ihn sogar die Solothurner Sprache heimatlicher anmute als die Sprache seines wirklichen Heimatortes.

Auf Seite 100 erwähnt er auch den Weißenstein: wie Papa «bewundernd» ruft: «‹Dort ist der Weißenstein.› Richtig, ja. Da stand er, riesengroß bis zum Himmel ragend.»

Genau auf dieser Seite 100 muss ich Acht geben, dass die Broschur nicht aus dem Leim geht, sorgsam wende ich die Seite.

Der Reihe nach.

Noch mit heißen Backen von der Spittelerlektüre mit der goldenen Märchenstadt Solothurn gehe ich mit Brigitte wie seit geraumer Zeit immer am Samstag in den Postillion. Der Postillion ist eine Wirtschaft, die aufs Jahr so alt ist, wie es uns, 1974, nach Trier verschlagen hat. Er befindet sich gegenüber dem Hauptfriedhof, wo ich als Diakon auch schon beerdigt habe. Brigitte ist heute ganz in Rosa. Rosa ist das Shirt, etwas heller rosa, aber im gleichen Ton, ist die Hose. Rosa ist die Modefarbe der Saison. Brigitte kann und weiß es zu tragen – es sieht bei ihr nicht aus nach Hasch-mich-ich-bin-der-Frühling, aber sie sieht auch nicht aus wie eine Frau, die (hoffentlich!) auf die Siebzig zugeht. Wir treffen immer so um Viertel vor zwei ein, bevor die Tische für die Skatspieler reserviert werden. Von dieser Uhrzeit an treffen diese nach und nach ein, es sind ältere Männer, eine Frau gehört auch dazu. Auf einem Tisch mit einer weißen Decke werden schon die Sachen aufgestellt: Kaffee, Persil und anderes, was es außer den Geldpreisen zu gewinnen gibt.

Automatisch wird Brigitte der Rotwein und mir das große Bier gebracht.

Ich erzähle Brigitte von dem verklärten Solothurn bei Spitteler und dass mir das niemand abnimmt, der ich doch als literarisches Enfant terrible und Nestbeschmutzer diese Stadt meiner Herkunft in den «Solothurner Geschichten» derart abschätzig traktiert und deren Weißenstein geradezu als Gipfel der Verlogenheit hingestellt hatte.

Lang, lang ist's her.

Und jetzt die goldene Märchenstadt. Da denken die doch nur, ich sei im Alter vernünftig geworden, will heißen, ich hätte im fernen Trier heimliches Heimweh gekriegt. Dabei ist alles Zufall, und das glauben sie mir nicht, dass ich aus purem Zufall auf Solothurn komme.

Brigitte entgegnet: «Warum soll man es nicht glauben, wenn es so ist?»

«Ich weiß nicht», sage ich, «ich müsste schon plausibel machen, dass Solothurn bei mir nicht aufkommt gegen Trier.»

«Dann tu das doch», sagt Brigitte. Ich überlege.

Mindestens zweierlei spricht für Trier und gegen Solothurn.

Erstens: Solothurn hat zwar einen Weißenstein, aber keine Porta Nigra, überhaupt nichts, was es mit der Porta Nigra aufnehmen könnte.

Zweitens: Trier ist noch viel älter als das alte Solothurn. Steht auf dem Solothurner Zeitglockenturm geschrieben: «Kein Elter Platz in Gallien ist / Dan Solothurn Zuo Diser Frist / Usgenommen die Statt Trier allein / Darum nempt man sie Schwestern gemein».

Die Skatspieler haben inzwischen angefangen mit ihrem Skat. Wir müssen den Tisch räumen.

Um Solothurn aus dem Kopf zu verscheuchen, spiele ich, als wir wieder zu Hause sind, die neue CD ab, die ich vorgestern bei Saturn entdeckt und noch nicht gehört habe: «Elvis Presley from Hawaii via Satellite». Es ist dies, stelle ich fest, ein Live-Mitschnitt von einem Konzert auf Hawaii, das garantiert nichts mit Solothurn zu tun hat. Denke ich.

Ich höre die Lieder.

Elvis singt auch ein Lied von den Beatles: «Something».

Und den Titel von Frank Sinatra «My Way»: «I Did It MyWay.»

Aber auch: «Glory, Glory, Halleluja».

Elvis auf Hawaii ist mir näher als in den Studioaufnahmen.

Ich höre, wie er dem Publikum dankt. «Thank you. Thank you very much.»

Höre, wie er die einzelnen Musiker vorstellt.

Das Publikum applaudiert, sobald es bei den ersten Klängen das Lied erkennt.

Elvis sagt zum Publikum: «You are fantastic.»

Er trug bei diesem Konzert, wie die Fotos auf der CD-Hülle zeigen, seinen weißen Anzug.

Noch war er schlank, wie er da auf einem Foto inmitten von blumenumkränzten Hawaiianerinnen steht.

Ich bin weit weg von Solothurn, wie es weiter weg nicht gehen kann. Denke ich.

Bis mir Schlag auf Schlag bewusst wird: Hawaii ist nichts anderes als Solothurn. Würde man nämlich von Solothurn aus in die Erde hinein einen Tunnel bohren, käme dieser Tunnel auf der anderen Seite der Erdkugel genau in Hawaiis Hauptstadt Honolulu heraus. Das ist nicht verrückt. Denn in der verrückten Zeit der Fastnacht benennt sich Solothurn eben mit dem Namen: Honolulu. Und wieso bin ich auf Elvis from Hawaii via Satellite geflogen? Eben wegen Solothurn. Denn wieso trägt er seinen weißen Anzug? Weil Weiß die Farbe der Unschuld ist, weiß wie der Weißenstein und die schneeweiße Kathedrale jener Stadt. Genau deswegen spanne und spinne ich die Fäden vom Nobelpreis und von Carl Spittelers goldener Märchenstadt zum Hawaii von Elvis Presley. Solothurn ist unausweichlich. Ich komme nicht los von Solothurn, auch wenn es in Honolulu ist. I did it my way.

Walter Schenker, geboren 1943 in Solothurn, lebt seit 1974 in Trier. Er veröffentlichte unter anderem «leider» / Solothurner Geschichten (1969), «Eifel» (1982), «Zum roten Stiefel» (2005), «Porta Nigra» (2008). Werkausgabe 2005-2012.

Vita-Parcours

Erhard von Büren

«Lauf nicht zu rasch», ruft er mir zu. «Es ist heiss heute, nichts für unser Alter.»

Zum Zeichen, dass ich ihn verstanden habe, hebe ich grüssend die Hand.

Rasch? So kann man es kaum nennen. Für unser Alter? Er ist sicher dreissig Jahre jünger als ich.

Seine Schüler trippeln mit ihren Bällen im Slalom zwischen roten Markierungen hindurch.

Auf der Aschenbahn die Hecke entlang, der Anfang meiner ersten Runde. Ich laufe fast jeden Tag hier über das Gelände der Kantonsschule, abends oder am späten Nachmittag. Seit das Knie schmerzt, laufe ich nur noch selten durch die Verenaschlucht zu den Steingruben hinauf und dann den Grafenfelsweg hinab wieder zurück. Mit den Schmerzen im Knie bleibe ich lieber hier unten auf dem flachen Gelände.

Erst beim leeren Swimmingpool am Ende der Aschenbahn geben die Föhren dort und der Massholder ein wenig Schatten. Ich biege links in die Fegetz-Allee ein, laufe an den offenen Gräben für die Fernheizung vorbei über Eisenplatten und den provisorischen Holzsteg zum Südeingang der Schule. Die Arbeiter der *Kibag* räumen bereits ihre Werkzeuge zusammen.

Auf der einen Hälfte des Hartplatzes sprinten Schüler in rascher Folge auf die Sprunggrube zu. Auf der anderen Hälfte wird in Dreiergruppen irgendein Ballwechsel geübt. Vom Rande des Hartplatzes aus werfen Schülerinnen, in eine Reihe gestellt, auf Kommando Speere auf den Rasen hinaus.

Zuschauerinnen auf den Bänken, Stöpsel im Ohr, verkabelt mit elektronischem Kleinstgerät.

Für etliche ist die Schule schon aus. In Gruppen gehen sie Richtung Nawi-Trakt, es müssen ältere Schülerinnen sein, sie tragen keine Schulsäcke, keine Rucksäcke mehr, haben die Bücher, die Hefte in allerlei Taschen gestopft, *Maddison, Esprit, Benetton.*

Flirrende Hitze, Bäume und Sträucher von keinem Windhauch bewegt.

«Lange geht nichts, aber dann musst du plötzlich viel machen... Rechts werfen, links fangen... Und die Bälle kommen oft schräg geflogen... Ja, ja, diese drei Frauen, die müssen, die anderen dürfen...»

Mit kräftiger Stimme führt er ins Spiel ein; Schläger, Ball, Handschuh, es wird Baseball sein. Gemischte Klasse, die Mädchen in Überzahl. Je zwei Schülerinnen, die eine wirft den kleinen Ball, die andere fängt ihn, wirft ihn zurück, fangen und werfen, fangen und werfen. Andere halten einen Schläger in der Hand; was sie tun damit, kann ich nicht genau sehen. «Immer rechtwinklig... ja, richtig, gut so! Toll machst du das!»

Die meisten in Shorts, einige in Trainingshosen; Leibchen in allen Farben, orange, olivgrün, weinrot, pink, blau, weiss, gelb. Zwei, drei Mädchen in trägerlosen Tops, es ist auch eine Modeschau, gespiegelt in der Glasfassade des Nawi-Trakts.

Und wieder die Hecke entlang, Ahornbäume, Eichen, Pappeln, viel Hagebuchen, hie und da ein blühender Holderstrauch. Vormittags läge hier Schatten, jetzt aber laufe ich nur in den eigenen Schatten hinein.

Leicht benommen im Kopf, gar nicht unangenehm, Herzschlag, seltsames High, vorwärts, immer voran, drei Runden, ausnahmsweise können es vier sein oder gar fünf, doch heute wohl kaum, heute ist es entschieden zu heiss.

Von hinten her nähert sich das Geräusch von Turnschuhen auf der Aschenbahn, von vielen Schuhen, es muss eine ganze Klasse sein. Wer überholt mich zuerst? Ein Junge, dann ein Mädchen, kurz hintereinander wieder drei Mädchen. Wie leicht sie alle laufen! Vor zehn Jahren hätte ich vielleicht noch mithalten können, oder vor zwanzig Jahren, jetzt versuche ich es gar nicht erst, und vorne bei den Turnhallen haben mich die letzten bereits überholt.

Durch den *Jardin des Plantes* lief ich täglich eine Runde, als Joggen noch lange nicht Mode war, ich aber dringend aus der winzigen Wohnung an der Rue Buffon Auslauf brauchte. Auch schon in Zürich zuweilen die Sihl entlang. Ist Joggen ein Fortschritt? Ich zumindest mache keinerlei Fortschritt dabei.

Dieses Mal nicht in die Allee einbiegen, sondern rechtsumkehrt gleich auf der anderen Seite der Hecke wieder zurück. Hier jedenfalls gibt es jede Menge Fortschritt. Vor zwei Jahren – oder sind es schon drei? – war hier alles noch grün, Bauernland zwischen Altstadt und Steingrubenquartier, Weizenfelder, Mais. Jetzt stehen da Plattenbauten, so weit das Auge reicht.

Auf der neuen Strasse kommt mir eine Frau mit Kinderwagen entgegen, eine Nachbarin, das jüngere Mädchen im Wagen, das ältere weit voraus, es kennt mich, winkt, es freut sich darüber, einen alten Mann zu sehen, der durch die Gegend rennt.

Vom Sportplatz her Rufe und der dumpfe Aufschlag von Bällen, und durchs dunkle Laubwerk der Hecke schimmert das helle Grün des Rasens, sehe ich das Rot, Blau, Gelb der Leibchen vorüberhuschen.

Ich überhole eine Frau mit Rollator und Hündchen, überhole einen Mann im Rollstuhl.

Die Reihen der neu gepflanzten Bäume, die Bänke, Büsche, die Reihen der Strassenlampen.

Dort das *Tertianum*, wie immer beflaggt, Altersheim für gehobene Ansprüche, schräg gegenüber die Wohnblocks der *Helvetia Lebensversicherung* – und im Kontrast zu all den dezenten Fassaden, Balkons und flachen Dächern das industrielle Sheddach der *Sphinx-Werke*. Für Industrie gibt es hier keine Zukunft mehr. Die Pensionskasse des Kantons hat die Fabrik gekauft und umgebaut; Polizei und Steuerverwaltung sind nun darin untergebracht, und die grosse Maschinenhalle ist vom Warenhaus *Manor* zu einer Markthalle für *Manor Food* gemacht worden.

Nach rechts zur Kantonsschule zurück, eine weitere neue Strasse, dazu der neue Zaun. Seit dieser Zaun aus Maschendraht steht, übermannshoch und solide, sehen der Sportplatz und das Schulgebäude wie eine Anstalt aus.

Die jungen Leute jedoch, die mir hier bei Schulschluss entgegenkommen, sehen mitnichten wie Anstaltszöglinge aus. Zu dritt, zu viert, zu fünft ziehen sie daher, zwischen Klostermauer und Maschendrahtzaun die ganze Strassenbreite einnehmend, die Mädchen in zügigem Catwalk-Schritt, die jungen Männer im Schlendergang. Und vieles ist da, was gesagt werden muss, und sehr laut muss es gesagt werden, und lachen muss man darüber.

Mächtiges Gestänge am Ende des Nawi-Trakts, der Hutter'sche Riese, einbeiniger Alien, drei Köpfe im Profil – oder sind es vier? –, die Arme ekstatisch hochgeworfen. Sind es Arme, sind es Flügel? Oder ist es was anderes? Gerade fliegt ein Storch daran vorbei, fliegt im Tiefflug über das Scheunendach des Klosters hinweg westwärts.

Atem ein, Atem aus, Zwerchfell und Bauch, die Arme schwingen, die Beine laufen auf rotbrauner Aschenbahn wieder die Hecke entlang, dritte Runde, immerfort in den eigenen Schatten, eigenen Schatten hinein.

Laufen auch die Gedanken? Und wohin laufen sie? Kloster, Kantonsschule, *Kulturfabrik Kofmehl* – diese Fabrik immerhin gibt es noch –, Alter und Jugend wie eh und je, Alien – oder ist es ein Affenbaum? –, Gestänge aus Spezialstahl hoch über dem Josef-Reinhart-Kopf, Hutter und Heimat und Galmis und Gifter, die Einfälle folgen sich, der eine so trivial wie der andere.

Didah, dididah, didah, dididahdah, laufen lässt sich auch im Dreivierteltakt. *Moulin Rouge* oder was? Schlager aus der eigenen Jugendzeit. Passt er sich dem gemächlichen Laufschritt an? Oder passt sich der Laufschritt dem Schlager an? Schwer auseinanderzuhalten. Und wie ist mir dieser Hit von ehemals in die Ohren geraten? Und gerät mir nicht aus dem Kopf, moulin des amours tu tournes tes ailes, au ciel des beaux jours moulin des amours...

Auf dem Rasen rennen immer noch junge Leute herum, allerletzte Lektion des Tages, Freikurs für Fussball.

Ist ein Lebenslauf da, um ihn vor sich zu haben? Oder um ihn hinter sich zu haben? Ja, wohl auch das! Lärm jederzeit und Firlefanz und Hoffnung und Herzschmerz und Eitelkeit und obendrein die übliche Dosis Düsternis. Ich laufe, didah, dididahdah, die Hecke entlang, und auf dem Rasen spurten die jungen Leute dem Ball nach, fragen nicht lange nach Lebenslauf, sie haben alles noch vor sich. Haben sie das?

Nördlich der Hecke die Jugend mit Zukunft, südlich der Hecke das beflaggte Altersheim, Endlos-Wege in engen Achterschlaufen, Rollator-Parcours, *Manor Food*, Parkplatz und all diese gepflegten Plattenbauten in designter Umgebung, rechtwinklig, geradlinig, unauffällig. Auch das hat Zukunft, hat zweifellos Zukunft.

Die *Töpfergesellschaft* im Museum Blumenstein für die Elite von gestern, Kantonsschule und *Kofmehl* für die Elite von morgen. Und dort drüben im Sommerhaus de Vigier – in der *Akademie der Generationen* – werden die beiden Eliten sich treffen.

Doch damit die *Kofmehl*-Generation die Akademie besucht, müssen die Vorlesungen erst abends um elf stattfinden. Was ein seriöser Ausgang ist, fängt in Solothurn erst nachts um elf Uhr an. Le progrès fait rage.

Erhard von Büren, geboren 1940, hat Psychologie und Germanistik studiert und danach unterrichtet. Er lebt in Solothurn und hat bisher u.a. drei Romane geschrieben: *Abdankung* (1989), *Wespenzeit* (2000), *Ein langer blauer Montag* (2013).

Erinnerungen an frühe Jahre

Herbert Meier

Wenn ich an die frühen Jahre meines Lebens in Solothurn zurückdenke, kommen sie mir wie etwas Geträumtes vor. Erlebnisse leuchten auf, als wären sie eben geschehen.

Ich beginne mit den Anfängen eines kleinen Poeten. Er war so verwegen und schrieb gleich Sonette. In der Buchhandlung hatte er sich ein blaues Heftchen, eine kleine Verslehre, gekauft und sich in klassischen Metren und Reimschemen geübt. Erste Gedichte von ihm sind 1942, er war gerade vierzehn, in den «St. Ursenglocken», der Sonntagsbeilage des «Solothurner Anzeiger», erschienen, mit Honorar. Sein erstes Sonett hatte den Titel «Friede» und begann so:

> Friede, Friede auf der Erde,
> Wird gewiss einst wieder sein.
> Dass es doch bald anders werde,
> Wir erlöst von Qual und Pein.

Es war Krieg. Auf den Strassen spielten wir Fussball, während bei offenen Fenstern aus dem Radio das Wahnsinnsgebrüll Hitlers dröhnte. Man fürchtete, er werde eines Tages auch die Schweiz besetzen. In meiner Schulklasse war ein jüdisches Mädchen, das uns sagte, bei ihm zu Hause seien die Koffer gepackt; jederzeit könnte sie vor dem Judenhasser die Flucht ergreifen. Wohin denn? Das bleibe geheim.

Der ersten Strophe eines Sonetts muss, der Verslehre entsprechend, die Antithese entgegengesetzt werden, also dem «Frieden» der «Krieg»:

> *Dieser Krieg und dieses Streiten!*
> *Nicht mehr friedlich kann man leben.*
> *Ändern müssen sich die Zeiten.*
> *Möge Gott uns Frieden geben!*

Zu jener Zeit hatte ich in der Schule bereits von Todeslagern gehört. Die meisten Lehrer aber verschwiegen das Ungeheure. Ein einziger sprach immer wieder davon. Er sagte uns, KZ-Häftlinge würden gezwungen, aus den Häuten der Toten Lampenschirme zu nähen. Und das im Lager Buchenwald, in der Nähe von Weimar, wo Schiller und Goethe einem humanen Weltbild gehuldigt hatten.

Jüdische Kinder wurden vergast. Daher die hilflose Bitte meines Sonetts:

> *O, ihr Menschen, all die Leiden!*
> *All der Jammer und die Not!*
> *Könnt ihr nicht das Morden meiden?*
> *Denn nur einmal lebet ihr hienieden.*
> *Dann wird kommen euer Tod.*
> *O, ihr Menschen, seid doch auch zufrieden!*

Mit elf versuchte ich es mit dem Radfahren. Ich fuhr eine steile Strasse hinunter, an deren Ende ein Altpapier- und Bücherhaufen lag. In der Aufregung meiner ersten Fahrt bremste ich zu spät und stürzte in die Bücher hinein. Da fiel mir ein altes Exemplar von Schillers «Tell» in die Hände. Ich las das Theaterstück auf der Stelle und war so beeindruckt, dass ich fortan auch Dramen schreiben wollte. Und also schrieb ich in ein leeres Schulheft das Stück «Der Landvogt auf Felseck». Auch bei mir wird ein Vogt umgebracht.

Eines Tages im Sommer, als ich dreizehn wurde, begann ich eine Tragödie in Jamben zu schreiben, beflügelt von Schiller. Von ihm verschlang ich, was er geschrieben hatte, die Dramen, die Gedichte und auch seine philosophischen Schriften. Seine Sprache begeisterte mich auch dort, wo ich sein Denken noch nicht verstand. In meinem Tagebuch unterhielt ich mich mit ihm und sprach ihn mit Freund und Friedrich an. Manchmal wünschte ich ihm schriftlich eine gute Nacht.

In meiner Tragödie gab es Verse, die hinkten. Mein Vater verbesserte sie mir. Auch fand er, ich sollte realistische Stücke lesen, zum Beispiel von Ibsen. Ibsen aber war kein Schiller. Ich wollte das Hohe, Ideale.

In meinem Jambenstück ging es um die Rechtfertigung eines Tyrannenmordes. Der Tyrann war König Albrecht I., der Mörder Johannes Parricida. Mit dem König war stellvertretend Hitler gemeint. Kaum einer hatte es gewagt, den «Führer» umzubringen, und wer es wagte, dem ist es missglückt. Also tat ich es symbolisch in meinem «Parricida». Auf dem Theater sind bekanntlich Bösewichte leichter zu liquidieren als in der Wirklichkeit.

Mein Grossonkel Leo besass eine Sammlung alter Bücher, in denen ich bei Besuchen lesen durfte, Chroniken der Schweiz und Bücher über Alchimie. Er erzählte mir auch von meiner Herkunft. Unsere Vorfahren seien aus Italien eingewandert und hätten in den Kalksteingruben Steine zum Bau der St. Ursenkathedrale gebrochen. Wenn man mir von da an sagte, ich sehe wie ein Italiener aus, erwiderte ich: Ich komme auch von dort.

Jahrzehnte später hatten wir ein Hausmädchen aus Sizilien. Es sprach nur Italienisch. Meine Frau Yvonne, wir lieben uns seit dem Gymnasium, beherrschte das Italienisch vom Studium her. Ich hingegen hatte nie Italienisch gelernt. Doch eines Tages begann auch ich aus heiterem Himmel in unserer Haussprache zu reden. Mit der Zeit las ich, freilich mit dem Wörterbuch, sogar Komödien von Goldoni. Was ich nicht verstand, wurde mir von Yvonne übersetzt.

Jonas, unser erster Sohn, wuchs mit beiden Sprachen auf. Einmal zeigte er uns, wie man sich rein sprachlich gegen einen Feind verteidigen kann. Auf einem Dorfplatz im Tessin wurde er plötzlich von einheimischen Buben eingekreist. Und sie setzten gegen den Fremdling zum Angriff an. Da sprach er sie auf Italienisch an. Sie waren sprachlos und liessen ihn in Frieden.

Vielleicht gibt es am Ende so etwas wie eine psychische Genetik. Wie könnte man mein Italienisch aus heiterem Himmel anders erklären?

Zufälle solcher Art spielen auch beim Gedichteschreiben mit. Manches, was einem einfällt, kommt dem Schein nach aus dem Nichts. Und doch liegt ihm oft eine unbewusste Beobachtung, eine vergessene Erfahrung zu Grunde. Und nach Tagen entdeckt man vielleicht die Quelle in der eigenen Erinnerung.

Früh schon erwachte in mir das Interesse für Philosophie. Ich war etwa vierzehn, als ich meinen Vater bat, mir ein Buch zu schenken, das mir in der Buchhandlung ins Auge gestochen hatte. Er wollte wissen, wovon es denn handle. Von Philosophen, sagte ich. Er meinte, vielleicht sei ich dafür noch etwas zu jung. Ich mochte mich mit ihm nicht streiten und ging zu meiner Taufgotte. Sie erfüllte mir den

Wunsch und schenkte mir zu Weihnachten 1942 den «Grundriss der Geschichte der Philosophie». Darin waren die grossen Denker von Parmenides bis Heidegger dargestellt. Die Köpfe der Philosophen haben sich mir so eingeprägt, dass ich sie, wenn ihr Name fällt, noch heute gleich vor mir sehe.

Kant zog mich an, weil Schiller ihn las. In der Zentralbibliothek im alten Ambassadorenhof suchte ich nach Schriften von Kant. Als erstes wollte ich mir eine Sammlung seiner Gedanken ausleihen. Der Bibliothekar lächelte und fragte, ob das denn für mich nicht zu hoch sei. Nein, sagte ich, ich habe schon bei Schiller über ihn gelesen. Der Bibliothekar stieg die Leiter hoch und holte vom obersten Regal das gewünschte Buch. Es war noch wie neu und offenbar kaum gelesen worden.

Die Kant'schen Gedanken waren für mich allerdings mehr als schwierig.

Ich ging zu Walter, einem älteren Freund, der ein heimlicher Philosoph war. Er hatte bereits eine Reihe philosophischer Aphorismen geschrieben, die ihm sein Vater, der Buchbinder war, mit blauem Pressspan eingebunden hatte. Walter legte mir auch Kant auseinander. Am heiterhellen Tag in der elterlichen Stube lasen wir bei geschlossenen Läden unter der Tischlampe.

Bald beschäftigten wir uns auch mit Spinoza, für den Gott und Natur eins waren. Diese Vorstellung versetzte mich in Begeisterung. Seine «Ethik» war einen Sommer lang unser Hauptbuch. An Sonntagen gingen wir oft nach Kreuzen und lasen dort unter den drei Steinkreuzen gegenüber der Kirche Spinozas Lehrsätze und Erläuterungen «Fürwahr, wie das Licht sich selbst und auch die Finsternis offenbart, so ist die Wahrheit das Kennzeichen ihrer selbst und des Falschen.» Ich war noch ein Kind, mein Vater hätte mir gerne ein Klavier gekauft, aber ich wollte eine Handorgel. Mir hatten es die Ländlerkapellen, die an Kirchweihen und Festen im Dorf meiner Grosseltern aufspielten, angetan. Doch kaum war ich im Gymnasium, hatte die

Handorgel ausgedient. Von einem Tag auf den anderen war Mozart meine Musik. Der Musiklehrer hatte uns die «Kleine Nachtmusik» abgespielt; seitdem liebe ich Mozart über alles.

Und wieder war es ein älterer Freund, der mich förderte und begeisterte. Franz arbeitete bei einem Architekten und konnte sich Schallplatten kaufen. Er spielte mir abends bei Kerzenlicht Sinfonien von Beethoven und Bruckner ab. Ich las auch ihre Lebensgeschichten. Das «Heiligenstädter Testament» des ertaubenden Beethoven ging mir nahe. Denn mein Vater war gehörkrank und fürchtete taub zu werden. Das war wohl der tiefere Grund, warum ich über Beethovens «Testament» meinen ersten Schulvortrag hielt.

Zu Bruckner fasste ich eine grosse Zuneigung; sie ist noch heute lebendig. Das Hymnische und Ländliche, das Elementare und Innige, die Diskontinuität der Themen, all das wird in seiner Musik zu kunstvoll gesetzten Erzählungen, denen ich beim Hören eigene Inhalte gebe.

Eine Entdeckung fürs Leben waren für mich auch die «Préludes» und «Images» von Debussy. Eine Musik, die in mir visuelle Impressionen der nahen Natur hervorrief. In «Reflets dans l'eau» sah ich die Lichtspiele auf einem Teich im Wengistein, wo ich als Kind die ersten tanzenden Wasserflöhe und Libellen gesehen hatte. Das Prélude «La cathédrale engloutie» wurde beim ersten Anhören für mich zur Kathedrale der eigenen Stadt, die in der Tiefe des Meeres versank.

Eine dritte Freundschaft meiner frühen Jahre eröffnete mir die Welt des Französischen. Samuel war zweisprachig aufgewachsen. In der väterlichen Bibliothek gab es Bücher der Lausanner «Guilde du Livre», Romane von Ramuz, die wir auch im Französischunterricht lasen. Mir fiel manches beim Lesen schwer, Samuel stand mir bei. So lasen wir gemeinsam die Romane «Derborence» und «Aimé Pache» und eines Tages auch Claudel. Von ihm war das Stück «Partage de Midi» in der «Guilde du Livre» erschienen. Claudel kannte ich von seinem «Seidenen Schuh» her in der deutschen Übersetzung. Jetzt las ich zum ersten Mal ein Werk von ihm im Original, mit Samuel in seinem Dachzimmer.

Ein halbes Jahrhundert später wurden Yvonne und ich von Verlagen beauftragt, Romane von Ramuz und Dramen von Claudel ins Deutsche zu übersetzen. Dies nur ein Beispiel: Was einmal gesät wurde, kann später im Lichte günstiger Lebensumstände aufgehen.

Es gibt elementare Erlebnisse, sie haben ein Leben lang ihren Ort in der Erinnerung. So die drei Birken auf einer Anhöhe über der Aare, unsere Liebesbäume. Dort gaben wir uns den ersten Kuss, mitten im Winter, im Schnee. Es wurde eine bleibende Liebe, wie es ein spätes Gedicht von mir sagt:

> *Unter drei verschneiten Winterbäumen*
> *waren wir, und dämmernd noch in Träumen*
> *sagten wir, dass wir uns fortan lieben.*
> *Und so ist es hier und jetzt geblieben.*

Wie oft suchten wir das Traumschloss meiner Kindheit auf, die Waldegg. Dort war ich einst verbotenerweise in den Garten geschlichen und schaute durch ein offenes Fenster. Drinnen war es dunkel und geheimnisvoll still.

Viele Jahre später machte ich die Waldegg zum Schauplatz einer Komödie, die ich zur Wiedereröffnung des Schlosses schreiben durfte. Sie ist vom ersten bis zum letzten Satz meiner Phantasie entsprungen. Darin erscheint der Dichter Eichendorff und beschwört das «paysage romantique», das die Stadt und ihre nahe Landschaft für uns waren. Man hat in seinen pubertären Jahren eine romantische Seele, die ihre Flügel ausspannt. Mit der Zeit verwandelt sie sich und nimmt wechselnde Gestalten und Formen an.

Stadt und Landschaft haben mein Leben in manchem geprägt. So auch das Theater unten an der Aare. Hier hatte ich so etwas wie eine Initiation: Ich erlebte Theater als imaginäre Widerspieglung der Wirklichkeit.

Jüdische Schauspieler und Sänger, allesamt Flüchtlinge, waren zu uns gekommen. Mit jungen Schweizern, die hier ihre ersten Rollen spielten, bildeten sie unter der Direktion von Leo Delsen, Jude auch er, ein Ensemble, das Welttheater brachte. Schillers «Kabale und Liebe», Goethes «Egmont», Lessings «Minna von Barnhelm», Shakespeares «Wintermärchen» sind für mich unvergessbar. Ich sehe noch heute ganze Szenen, höre die Stimmen der Schauspieler, erinnere mich an ihre Kostüme.

Das erste Stück, das ich von Shakespeare las, war «Julius Caesar». Ein bräunliches Reclamheftchen, das mir meine Taufgotte schenkte, als ich die Prüfung ins Gymnasium bestanden hatte. In der ersten Lateinstunde fragte der Lehrer nach einem Dichter, der über den grossen Caesar ein Stück geschrieben habe. Ich streckte auf und sagte, ich könne den Namen zwar nicht aussprechen, aber schreiben. Also schrieb ich mit der Kreide des Lehrers in grossen Lettern SHAKE-SPEA-RE an die Wandtafel.

In einem meiner Gedichte erinnere ich mich an jenen Augenblick und an das Erlebnis von Shakespeares Figuren.

«Nachtschwarz die Tafel
und magisch erscheint
meine Kreideschrift,
aus früher Ferne
ein Name
noch unaussprechbar
«Sha-ke-spe-ar-e»
(…)
Könige und Liebende,
gemordet und geopfert,
Getäuschte und Narren
in Wahnsinn gestürzt,
in Schwermut gesunken.
Fügungen, verborgene,
schicken ihre Rätsel herab:
Widerspiegel und
leuchtende Vergleiche der Welt.

Das Gedicht ist erst vor kurzem entstanden. Solothurn hat mir in meinen frühen Jahren vieles geschenkt, das in mir fortlebt.

Herbert Meier ist 1928 in Solothurn geboren. Er gehört zu den Schweizer Autoren, die nach Frisch und Dürrenmatt die Nachkriegsliteratur prägten. Sein umfangreiches und vielseitiges Werk umfasst Gedichte, Romane, Theaterstücke, Essays und Übersetzungen. Seit 1955 lebt er als freier Schriftsteller in Zürich.

Von Sitzgebäuden und unterkühlten Strassen

Gerald Barth

Er war neu in der Stadt, kannte sich nicht aus, bewegte sich zwischen den wenigen ihm bekannten Orten hin und her, schien dabei die Stadt und die Menschen nicht wahrzunehmen, nicht wahrnehmen zu wollen. Der Umzug in die Wohnung war schnell gemacht. Er hatte sie zufällig in der Vorstadt gefunden. Die wenigen Sachen aus der Ehe, die nur noch auf dem Papier existierte, hatten voller Hast erst in einer Einzimmerwohnung Platz gefunden und waren jetzt auf 4 Zimmer verteilt. Räume ohne Möbel, ohne Leben, leer.

Nervös ging er in seiner Wohnung hin und her. Trank stehend in der Küche Café, ging ins Wohnzimmer, versuchte Ordnung zu bringen in diesen lästigen Stapel Papier, gab auf, lud saubere Wäsche in die Waschmaschine, versuchte zu lesen, fernzuschauen, nichts konnte ihn ablenken. Ruhelos. Ziellos. Alleine. Vieles war für ihn selbstverständlich gewesen, die Liebe, das Vertrauen, das Familienleben, der Zusammenhalt. Er fragte sich immer wieder, wieso er nichts hatte kommen sehen. Rückblickend war Vieles offensichtlich. Erinnerungen an Verlorenes bohrten tief in seinen Wunden.

Er versuchte die Stadt kennenzulernen, bewegte sich in ihr, wollte Besorgungen machen, existieren. Ein kalter Herbstmorgen. Nebelschwaden zogen mit dem Wasser flussabwärts. Er fiel nicht auf, wollte nicht gesehen werden, ging beladen mit einer für andere unsichtbaren Last leicht nach vorne gebeugt durch die engen Gassen. Er suchte keinen Augenkontakt, war unfähig innezuhalten. Befürchtete jemanden zu kennen, als der Verlassene erkannt zu werden, als ob sein Scheitern für jedermann sichtbar wäre.

Hin und wieder war er mit Kindern zu sehen, ja, es mussten seine Kinder sein. Die Hand des Jüngsten in der Seinigen, hie und da einen zögerlichen Körperkontakt; drei Söhne, eine Tochter. Sie hetzten ihm hinterher, begleiteten ihn in seinen Anstrengungen nirgends stehen zu bleiben, nicht gesehen zu werden und nichts zu sehen. Sie schienen mit ihm zu leiden, konnten ihm nicht helfen, waren selber verloren, zwischen Eltern, Familien, Sprachen und Ländern hin- und hergerissen. Mit ihm, mit ihr, anwesend und doch woanders.

In alledem nahm er die Stadt nicht wahr. Dabei hatte er sich ganz bewusst für sie entschieden. Als er an einem Sommerabend die Pracht der barocken Architektur wahrnahm, die Lichter und die alten Gemäuer, hatte er zu sich gesagt, dass er hier wohnen würde, dass er in dieser Stadt neu anfangen würde. Jetzt lebte er tatsächlich hier und hatte für nichts Augen, ein Aufbruch immer noch weit entfernt. Er musste sich um viele Sachen kümmern, Bewilligungen, Adressänderungen. Dann war da noch die Scheidung, die ständigen Streitereien wegen der Kinder, die eigentlich nur Kind sein wollten und nun diesen Streitereien standhalten mussten, das Gezerre um Geld, um den

Wert, den die vielen Ehejahre in den Augen deren, die sich nicht mal mehr anschauen wollten, darstellten. Sie redeten nicht, schrieben sich in unregelmäßigen Abständen, vorwurfsvoll und wütend, aneinander vorbei. Wie war das möglich? Nach fast 20 Jahren?

Seine Wut, Ängste und Tränen wollte er nicht zulassen, legte sie an einer gut verborgenen Stelle, die weder ihm noch jemanden anderen zugänglich war, ab. Niemand würde sie sehen oder erahnen können. Er musste und wollte funktionieren, im Beruf und als Vater, der Kinder wegen. Selten waren die Glücksmomente in dieser Zeit der Traurigkeit. Selbstkontrolle durch Beschäftigung. Er lenkte sich ab, war ständig unterwegs, verschanzte sich hinter Arbeit, war wenig in der Wohnung, die ihm noch nicht zu einem Zuhause geworden war. Wenn er hie und da anzutreffen war, war er immer auf dem Sprung, als ob er davonrennen würde. Wovor? Vor wem? Vor sich selbst?

Er hatte die Räume mit Möbel und neu gekauften Erinnerungen gefüllt. Gab sich das Gefühl zu existieren, zu leben. Trotzdem blieb eine schwer zu beschreibende Leere, die er mit nichts füllen konnte. Die wenigen Tage mit den Kindern waren vollbepackt und durchorganisiert, für Nichtstun war keine Zeit. Wollte er sich vor ihnen verstecken? Sie waren da, immer.

Es wurde Winter, Frühling, Sommer, Herbst und wieder Winter. Immer noch war er auf der Flucht, vor seinen Gefühlen, vor seinen Ängsten. Wer war er? War er je ehrlich zu sich gewesen? Er benutzte die wenigen Straßen und Wege, die er kannte. Überquerte von der Vorstadt her kommend die Aare, blickte dabei auf das langsam dahinfliessende Wasser oder auf den über der Stadt thronenden Weissenstein. Folgte seinem Weg, den er immer ging, zum Friedhofsplatz, zum Bieltor, zum roten Turm, zurück an die Aare. Selten brach er aus. Manchmal joggte er dem Fluss entlang, der mal ruhig dahinfloss, mal von der Bise flussaufwärts getrieben wurde. Auch hier war er alleine, begleitet von Schwänen und Wasser, konnte sich ihnen nicht anvertrauen. Sein Körper hielt dem ständigen Davonlaufen nicht Stand. Erst sein linkes Ohr, das unablässig pochte, als ob es die Stille nicht mehr ertragen konnte, als ob es nach Leben schreien würde. Dann sein Nacken, der sich mehr und mehr verspannte, bis er seinen Kopf nicht mehr richtig bewegen konnte, als ob sein Nacken ihn auffordern wollte, endlich aufzuschauen und die Welt wahrzunehmen, wieder zu leben.

Er zögerte, konnte sich nicht aufraffen. Woher den Mut nehmen? Wie sich über alles hinwegsetzen, ehrlich sein zu sich selbst? Er tappte auf der Stelle, suchte dabei mit all seinen Kräften nach einem Ausweg, hatte auf einen Neuanfang gehofft, war deshalb hierhergezogen. Hin- und hergerissen zwischen wegrennen und aufgeben, zwischen so tun als ob und stehenbleiben. Schwierig war der Weg, aussichtslos die Auswege. Tage, Wochen, Monate vergingen.

Endlich, es war schon wieder Sommer geworden, hielt er inne. Er hatte noch keinen Ausweg gefunden, geschweige denn einen Schimmer eines Neuanfangs. Wusste aber, dass er nicht einfach so weitermachen konnte. Etwas musste er ändern, sonst würde er zugrunde gehen. Er nahm sich vor weniger zu arbeiten, hinterfragte die vielen Stunden, die zur Beschäftigungstherapie geworden waren. Überlegte sich sogar, eine neue Stelle zu suchen. Wog ab, verwarf und machte sich wieder auf die Suche. Zuerst arbeitete er weniger, hörte auf ständig zu reisen, konnte nun nicht mehr vor sich selber fliehen, musste sich seinen Gefühlen stellen. Endlich erlebte er erfüllte Tage mit seinen Kindern, ohne Programm, Stunden der Nähe. Er nahm erst jetzt wahr, welche Vielfalt diese Stadt zu bieten hatte, die Geborgenheit, die sie ihm gab. War trotzdem unzufrieden, haderte mit sich, mit seinem Groll, traute sich nicht zu vertrauen. Nicht in ihn, nicht in andere. Sein Körper erholte sich langsam, erst ließ das Pochen im Ohr nach, dann lockerte sich sein Nacken. Es blieben die Verletzungen, die er tief in sich vergraben hatte.

Er weiß heute nicht mehr genau, woher der Antrieb kam, plötzlich war er da, als ob er aus einem schlechten Traum erwacht wäre. Er beschloss von nun an, sein Leben ehrlicher zu leben und nicht für den Schein, den es zu wahren gab. Bemerkte nicht nur die Aare, die Fassaden der alten Häuser, die verwinkelten Straßen, sondern endlich das Leben, die Menschen um ihn herum. Schüchtern und vorsichtig bewegte er sich, hielt sich weiterhin einen Fluchtweg offen. Und es wurde ihm bewusst. Die Stadt war ihm zu mehr als nur einem Wohnort geworden, er fühlte sich hier endlich zu Hause, würde diese Gegend nicht mehr verlassen. Er war an einem Ort angekommen, den er mit Stolz als sein Zuhause betrachtete. Der Groll blieb, mal mehr, mal weniger. Er würde wohl kaum ganz verschwinden, dafür sorgten die Streitereien um Geld, Werte und Erinnerungen. Würden sie je wieder vertrauensvoll miteinander reden können? Anderen lernte er wieder zu vertrauen, selbst mit seinen verborgenen Ängsten lernte er umzugehen.

Aus unerwarteten Begegnungen wurden Bekanntschaften, gar neue Freundschaften. Mit all seinen Sinnen nahm er seine neue Heimat wahr. Er sah die Menschen in der Stadt, die Gläser und Flaschen, die unabsichtlich von der Mauer des Soleure in die Aare gerutscht waren und dort wie Gegenstände lang vergangener Tage mehr oder weniger dicht mit Algen überwachsen waren, er hörte die Vögel und den Lärm der Vorstadt, er nahm die Düfte der Gerichte wahr, die in den unzähligen Restaurants der Stadt vorbereitet wurden, er ging leichter und aufrechter. Seine Kinder lachten.

Worte begleiteten ihn, geschriebene und gesprochene, halfen ihm oft, den richtigen Ausweg zu finden. Im Radio hörte er von unterkühlten Straßen, die im Winter zu Glatteis führen konnten, wunderte sich, schmunzelte, lachte, für sich alleine. Später hörte er von Sitzgebäuden. Die Moderatorin war wie er erstaunt, hielt angesichts des Wortes für einen kleinen Augenblick inne. Er horchte auf, wunderte sich erneut, suchte und fand den Sinn. Es gab keinen Zweifel mehr. Er wusste, dass er hier bleiben wollte, dass er hier bleiben würde, denn hier hatte er den verlorenen Halt wiedergefunden.

Gerald Barth (*1968); geboren und aufgewachsen in Süddeutschland, lebte von 1991 bis 1998 in Frankreich und seither in der Schweiz (Kanton Bern und Kanton Solothurn). Sein erster Roman «Das Projekt NDM – Ein Roman über die individuelle Ohnmacht angesichts der Finanzkrise» ist 2012 im Karin Fischer Verlag, Aachen erschienen.

Solothurner Geschichten in kurzen Hosen

Urs Altermatt

Am 25. August 1971 – so vermerkt es mein graues Dienstbüchlein – meldete ich mich pflichtgemäss beim Sektionschef der Stadt Bern an, da ich mit meiner Frau nach der Heirat in die Bundeshauptstadt umzog. Damit ging meine Jugendzeit endgültig zu Ende. In Miniaturen erzähle ich Begebenheiten aus meiner Buben- und Jugendzeit anhand eines Alphabets, das um Stadt und Kanton Solothurn kreist. Ein Torso, nicht mehr.

A - *Ambassadorenstadt*. In meiner Jugendzeit lautete die stolze Metapher für Solothurn Ambassadoren- oder Sankt-Ursen-Stadt. Wir wussten noch nicht, dass die goldene Märchenstadt (Carl Spitteler) mit ihren Kirchen und Klöstern, Türmen und Schanzen die «schönste Barockstadt der Schweiz» sei. So ändern sich die Zeiten und ihr touristisches Marketing.

B - *Bährenacker*. Da meine Eltern 1943 in Langendorf ein Einfamilienhaus erbauten, verbrachte ich meine Bubenzeit zuoberst in diesem Vorort Solothurns, einem Uhrenmacherdorf von rund 3000 Einwohnern. Dass meine Eltern mit Fleiss und Erspartem diesen Schritt mitten im Krieg wagten, zeugt von unerschütterlicher Zuversicht. An schulfreien Nachmittagen musste ich gelegentlich bei Arbeiten in unserem steinreichen Garten mithelfen, was ich widerwillig tat und allerlei Ausreden suchte, um im nahen Heimlisbergwald Beeren zu sammeln, lies: mit andern Kindern zu spielen. Während einer Mäuseplage fingen wir Buben auf dem noch unbebauten Sagackerfeld Mäuse. Für das Einsammeln von Maikäfern, die wir von den Bäumen schüttelten und in Giesskannen literweise im Gemeindehaus ablieferten, erhielten wir einige Batzen.

C - *Chutzendorf*. In stolzer Erinnerung an die in den revolutionären Vierzigerjahren des 19. Jahrhunderts schweizweit bekannte Chutzenschützen-Gesellschaft mit ihrer berühmten Kanone «Vorwärts» erhielt Langendorf für die Landi von 1939 einen Kauz ins Gemeindewappen. Mangels einer Dorfkirche wurde im Zweiten Weltkrieg ein Türmchen auf das Schulhaus gebaut, das rundum sicht- und hörbar angab, was es geschlagen hatte. Mit sechs Jahren besuchte ich den Kindergarten, den die Uhrenfabrik Lanco (heute M-Ladendorf) bereits 1883 für die Kleinkinder ihrer Arbeiterfamilien errichtet hatte. Da Ordensschwestern zu einem günstigen Lohn arbeiteten, stellten die Gemeinderäte, die sich mehrheitlich zu den Gelben und den Roten zählten, später katholische Baldegger Schwestern als Kindergärtnerinnen an. Unsere Rasselbande von über 40 Kindern wurde in den ersten beiden Primarschuljahren von einer Lehrerin unterrichtet. In der dritten Klasse jagte mir der «Herr Lehrer» Furcht ein, da er mit einem Rohrstock beissende Tatzen auf die ausgestreckte Hand austeilte. Am spannendsten war der Unterricht in der mehrklassigen Schule in Zullwil im Schwarzbubenland, die ich einen Sommer lang wegen einer Erkrankung von Mutter besuchte. Wir begannen jeden Morgen mit einem Lied, bevor Lehrer Meier, ein verkannter Komponist, zum obligaten Diktat schritt, das wir mit Griffeln auf Schiefertafeln kritzelten. Und dann begann das gefürchtete Benotungsritual: «Wer hat über zwanzig Fehler? Aufstehen!» und so weiter. Auf diese Weise lernte ich in einigen Wochen die deutsche Rechtschreibung im Klassenwettbewerb vervollkommnen.

D - *Dominus vobiscum!* Mit diesen Worten begrüsste Pfarrer Lüthi am Sonntag in der schmucken Barockkirche zu Oberdorf die Gottesdienstbesucher, und wir Ministranten antworteten: «Et cum spiritu tuo». Für die Erste Heilige Kommunion im Alter von acht Jahren wurde ich in der Stadt im Kleidergeschäft Gogniat mit Kittel, kurzer Hose und Knickerbockern aus Tweedstoff eingekleidet. Vorher trug ich selbstgenähte Kleider, im Winter von der Mutter gestrickte wollene Strümpfe. 1971 erhielt Langendorf ein ökumenisches Kirchenzentrum, das erste dieser Art in der Schweiz, mit zwei Kirchen und einem Turm, an dessen Realisierung mein Vater als Kirchgemeindeschreiber engagiert beteiligt war.

E - *Emme.* Geboren wurde ich im Kriegssommer 1942 nahe der Emme in der obersten Wohnung des Mehrfamilienhauses meiner Grossmutter mütterlicherseits in Biberist, und nach drei Tagen kutschierte mich ein einspänniges Bregg zur Taufe in die Dorfkirche, da Benzin in der Kriegszeit rationiert war. Am Rande von Grossmutters Garten floss ein Bach, in dem wir in unseren Schulferien Schifferlis spielten; unbeaufsichtigtes Baden in der unberechenbaren Emme war verboten. Wenn wir Kinder das Biberister Grossmueti besuchten, machten wir einen gut anderthalbstündigen Fussmarsch, der mir die willkommene Gelegenheit bot, weggeworfene Bazooka-Kaugummi-Umschläge aufzulesen – zum Einschicken für das begehrte Fussballer-Album der WM 54 in Bern. Manchmal konnte ich auch dem weggeworfenen rosaroten Occasionskaugummi nicht widerstehen, da Chewinggum bei uns zuhause als amerikanische Unsitte verpönt war.

F - Filmgilde. Pünktlich um Mittag halb Eins ertönten von Radio Beromünster die berühmten Piep-Töne, und meine vier Schwestern und ich hatten nach einem gestrengen Blick von Vater am Mittagstisch in andächtigem Schweigen die Nachrichten mitzuhören. Die ersten Kinderfilme sah ich im Kino Rex am Dornacherplatz; ich war ein begeistertes Mitglied des Fip-Fop-Clubs. «Hopp Fip-Fop!» schrien wir auf Kommando vor der Vorführung und merkten nicht, dass wir der raffinierten Schoggi-Strategie des Nestlé-Konzerns auf den Leim krochen. Kurz vor dem sechzehnten Altersjahr besuchte ich verbotenerweise den ersten kommerziellen Spielfilm, dessen Titel sinnigerweise «Les Tricheurs» lautete. Später gehörte ich der Filmgilde an, einer Vorläuferin der Solothurner Filmtage, die ihre Filme im Kino Elite zeigte. Für Filmbesuche gab ich den Grossteil meines knapp bemessenen Taschengeldes aus. Als Student mit einer Mansardenbude in Bern begann ich am Donnerstag mit Fasten, denn am Freitag konnte ich im Hotel Mamma meinen Hunger stillen. Ein stehend eingenommenes Mittagessen im Berner Migros kostete ungefähr gleich viel wie ein Filmeintritt auf den vordersten Plätzen.

G - Gilgenberg. Während zahlreiche Langendörfer Mitschüler in den Uhrenmacherferien an die Adria reisten, verbrachte ich als Primarschüler die Ferien im Schwarzbubenland, wo ich beim Grossmutti väterlicherseits Wochen der Freiheit in der Natur verbrachte. In der trutzigen Burg Gilgenberg gruben wir nach verborgenen Schätzen, auf der Portifluh suchten wir alte Münzen aus der Kelten- und Römerzeit, und im Chaltbrunnental erforschten wir die geheimnisvollen Steinzeit-Höhlen. Geschichte pur. In Oberkirch lernte ich einen holländischen Burschen kennen, der sich dort im Rahmen einer Aktion für Kriegskinder zur Erholung aufhielt. Voller Stolz wechselte ich mit ihm Briefe und kam dadurch zu einer stolzen Briefmarkensammlung. Im Alter von 17 Jahren lud er mich nach Holland ein, wo ich in Rotterdam zum ersten Mal in meinem Leben das mir unendlich erscheinende Meer sah. Als Bub staunte ich, als mir Gabriel erzählte, dass Teile seines Landes unter dem Meeresspiegel gelegen seien.

H - *Hohle Gasse.* Jeder Schweizer kennt aus Schillers Schauspiel «Wilhelm Tell» die Hohle Gasse, wo Tell dem Vogt Gessler auflauert. Unmittelbar neben diesem legendären Erinnerungsort der alteidgenössischen Geschichte besuchte ich, einer alten Familientradition folgend, ein katholisches Kollegium, wo mir Patres nach den Regeln der jesuitischen Ratio studiorum Latein und Altgriechisch, aber auch Französisch und Englisch beibrachten, bereits damals Filmunterricht erteilten, den Blick für die Dritte Welt öffneten und eine solide humanistische Allgemeinbildung mit aristotelischer Logik und ciceronischer Rhetorik vermittelten. Im wöchentlich verschickten Wäschesack verpackten meine Eltern neben Schokolade stets Solothurner Zeitungen. Fern der Heimat wurde ich aus lauter Heimweh zum richtigen Solothurner, weshalb mir die Mitstudenten in der Verbindung den Namen Solo gaben.

I - *Illustrierte.* Da wir zuhause bis in die späten Sechzigerjahre keinen Fernseher hatten, waren neben dem Radio die zwei Tageszeitungen, die Illustrierte «Die Woche» vom Walter-Verlag und die zahlreichen Schinken des Herder Lexikons Informationsmedien. Beim fleissigen Durchstöbern der Lexika entdeckte ich Dinge, die ich nicht suchte. Als Bub verfolgte ich begeistert das Sportgeschehen und identifizierte mich so sehr mit einem Radhelden, dass ich es bedauerte, nicht Ferdy zu heissen. Es war vor allem die literarisch interessierte Mutter, die für die Hausaufgaben zuständig war und uns immer zum Lesen, Schreiben und Zeichnen anregte. Ich verschlang alle Bücher, die mir in die Hände kamen: Karl May-Bände im Dutzend, den «Lederstrumpf», Coopers «Letzter Mohikaner», aber auch aus der Pfarreibibliothek die Jugendbücher von Ackermann und andern Autoren. Den Jugendkalender aus dem Walter-Verlag, «Mein Freund», erwartete ich an Weihnachten voller Spannung und war dann kaum mehr für besinnliche Lieder und Gedichte zu haben.

J - *Jugendparlament*. Im Jugendparlament des Gymnasiums gründete ich die Partei der Europäischen Föderalisten, die sich nicht nur für die europäische Integration, sondern auch für eine Schweiz mit einer starken Armee einsetzte, denn dies war damals kein Widerspruch. Während des Kalten Krieges fürchteten wir uns vor einem Atomschlag aus dem kommunistischen Osten. Meine erste politische Ansprache hielt ich 1956 mit vierzehn Jahren, als wir im Kollegium gegen den Einmarsch der Sowjettruppen in Ungarn eine Solidaritätsversammlung organisierten.

K - *Kreuzen*. Für Liebespärchen war die Einsiedelei ein Eldorado zum Spazieren und Karisieren. Am Ende der Verenaschlucht steht die Kapelle bei den Kreuzen mit einer bemerkenswerten Nachbildung der Heiliggrab-Kirche in Jerusalem. In dieser Kapelle heirateten wir am heissen Sommertag des 9. Juli 1971 und gestalteten die Messe ziemlich eigenwillig. Aufgrund einer anonymen Denunziation von aussen hatte dies ein ärgerliches Nachspiel bei Bischof Anton Hänggi zur Folge.

L - *Landesbibliothek*. In den Sechzigerjahren verbrachte ich Monate in der Landesbibliothek, wie die heutige Nationalbibliothek damals bescheiden hiess. Da ich eine Zeit lang zu viele Bücher und Zeitungen bestellte, durfte ich im Kellermagazin an Hermann Hesses Schreibtisch arbeiten, wo ich den zum Husten reizenden Staubgeruch alter Zeitungen geduldig erlitt. Als ich eines Mittwochnachts übermüdet nach Solothurn fuhr, erwachte ich im dunklen Depot des

Berner Bähnchens. Der letzte Kontrolleur hatte den stillen Schläfer übersehen.

M - *Montana*. Mit 16 Jahren nahm ich in einem Nobelhotel in Crans-Montana die Au-pair-Stelle eines Küchenburschen an, wo ich von frühmorgens bis spätabends für ein armseliges Bett und für schäbige Kost Teller wusch – mit dem Ziel, besser Französisch sprechen zu lernen. Da mir als Küchenbursche verboten war, mit den Gästen zu sprechen, lernte ich im Untergeschoss des Hotels zwar ein paar Brocken Spanisch, aber kein Französisch, so dass mein Vater nach einer Woche diese ausbeuterische Pseudoübung in Französisch abbrach. Mein Taschengeld reichte nicht für die Heimreise mit der Bahn, und so fuhr ich per Autostopp nach Hause.

N - *Nordschweiz*. Mein Vater schrieb als Solothurner Korrespondent in seiner knapp bemessenen Freizeit leidenschaftlich gern Artikel für Regionalzeitungen. Und so durfte ich im Alter von 15 Jahren gelegentlich an seiner Stelle für die Laufener «Nordschweiz» meine ersten kleinen Berichte über den oberen Kantonsteil verfassen. In der Endphase meiner Gymnasialzeit gründete ich mit einem Schulkameraden den Korrespondenzdienst KCS, mit dem wir der Schweizer Presse mit äusserst geringem Erfolg unsere Weltüberblicke anboten. Anfang der Sechzigerjahre gehörte ich zu den Mitbegründern des Aare Verlages, der immerhin drei oder vier Büchlein herausgab. Dass ich nach Abschluss des Geschichtsstudiums nicht im Presse- oder Verlagswesen landete, ist Zufall.

O - *Oberst Ochsenbein*. In meiner Studienzeit fürchtete ich niemanden mehr als den Kreiskommandanten Ochsenbein in Solothurn, der gar nicht erbaut war, dass der muntere Studiosus wegen eines Vitium cordis nur Hilfsdienst leistete. Als er mich später als Nationalfonds-Stipendiat im kalifornischen Stanford nicht sofort kontaktieren konnte, schickte er den Dorfpolizisten zu meinen Eltern nach Hause, um Informationen über mich einzuholen. Damals hatte das Militärdepartement noch Ordnung in seinen Listen.

P - *Palatia.* Als Kinder spielten wir mit roten Studentenmützen Landjägerlis. Da der Bruder meines Urgrossvaters in den 1860er Jahren zu den Gründern der Sektion Solothurn gehörte, war es für mich familiäre Tradition, dem StV im Verbund mit der Palatia Solodorensis beizutreten. Im Jahr der Studentenrevolten von 1968 präsidierte ich den Schweizerischen Studentenverein, betrieb aktive Hochschulpolitik und setzte mich gegen heftigsten Widerstand konservativer Vereinskräfte – drei Jahre vor der Einführung des nationalen Frauenstimmrechts – für die Aufnahme von Studentinnen in den StV ein, was in den Medien ein enormes Echo auslöste. 1964/65 hörte ich an der Freien Universität Berlin Rudi Dutschke als Studentenpräsident in sogenannten Teach-Ins zu, obwohl ich den Marxismus-Leninismus der Neuen Linken ablehnte. Jahre später wurde ich aus der rechten Ecke als Altachtundsechziger verunglimpft, während ich von Linken als Weihwassersozialist tituliert wurde.

Q - *Quickstep.* Da unsere musikalisch begabte Mutter Piano spielte, schickte sie mich zu einer Klavierlehrerin in Solothurn, zu der ich, mit dem Schulsack am Rücken voller Notenblätter, auf dem Trottinette das Stadtgässli hinuntersauste. Zur Enttäuschung von Mutter zog ich später Fussballspielen den eintönigen Czerny-Etüden vor. Foxtrott, Walzer, Quickstep, Rock'n'Roll lernte ich in den Tanzkursen der Studentenverbindung Fryburgia. Für den Schlussball wurden die Balldamen ausgelost, um der sogenannten Pärchenbildung vorzubeugen. Wie es der Ball-Knigge vorschrieb, habe ich meine Tanzpartnerin nachts höflich nach Hause begleitet und dann nie mehr gesehen.

R - *Roamer*. In meiner Studentenzeit war es üblich, dass wir der «Liebsten mit dem goldenen Lockenköpfchen» schmachtend ein Ständchen brachten. Am meisten sangen wir vor der hohen Fassade der Uhrenfabrik Meier & Stüdeli, damals mit dem Schriftzug «Roamer». Als wir einmal in der guten Stube heftig zu unseren Kanten schaukelten, brach das Kanapee zusammen – eine schlechte Einführung in die Familie meiner künftigen Frau.

S - *Solex*. Mit meinem ersten grösseren Lohn als Werkstudent leistete ich mir ein Velosolex, mit dem ich die Steigung von der Industriepost nach Langendorf mühelos hinauffahren konnte. Wenn ich als Aushilfslehrer an den Dorfschulen von Lommiswil, Subingen, Derendingen oder an der Kantonsschule tätig war, kehrte ich über Mittag bei jedem Wetter nach Hause, um Auslagen für das Mittagessen zu sparen. Nach der Heirat kauften wir einen weissen Occasions-VW-Käfer für 1500 Franken. Wegen Fehlern beim Parkieren fiel ich das erste Mal bei der Autoprüfung durch.

T - *Tscharandi*. Während der Internatszeit hätte ein Disco-Besuch zum Consilium abeundi geführt. Vorstellungen im Stadttheater gehörten zu den ersten kulturellen Highlights. In der Fuchsenhöhle tranken wir ein Coca Cola und diskutierten stundenlang vor einem halbleeren Glas über Gott und die Welt. Höhepunkt unseres geselligen Lebens war alljährlich die Fasnacht. Jedes Jahr gehörte der Tscharandi-Ball im Konzertsaal zum Programm, an den die halbe Berner Studentenverbindung Berchtoldia strömte, um mit Solothurns holden Töchtern zu schäkern.

U - *Union*. In der Druckerei Union AG an der Kapuzinerstrasse war ich als Hilfskorrektor für den «Solothurner Anzeiger» tätig. Grobe Fehler unterliefen mir kaum, doch liess ich einmal eine Todesanzeige unter dem Randtitel «Danksagung» durch.

V - *Vale Universitas.* 1970 sagte ich als Student der Universität Vale, da ich meine Studienzeit beendet hatte, die in meinen Testatheften mit einem Semester in Fribourg, mit einem damals unüblichen Auslandsemester in West-Berlin und mit zahlreichen Semestern in Bern dokumentiert ist. Was ich nach der Matura studieren wollte, wusste ich lange Zeit nicht, obwohl ich im Nationalen Geschichtswettbewerb 1960 den ersten Preis gewann. Ich erwog fast jedes Fach, das nicht mit Chemie oder Oekonomie zu tun hatte. In den Maturitäts-Statistiken des Gymnasiums figuriere ich als stud.iur, doch das Rechtsstudium kam mir im Freiburger Semester mit seinen Paragraphen öde vor, sodass ich zur Geschichte und den Sozialwissenschaften wechselte. Wenn später Studierende am Anfang ihrer Ausbildung Probleme hatten, tröstete ich sie damit, dass auch ich einen Umweg gemacht hätte, bevor ich als Assistent und Dozent zunächst an der Universität Bern landete.

W - *Weissenstein.* Von Langendorf aus hatten wir einen wunderbaren Panoramablick auf die Alpenkette, die ich als Bub überhaupt nicht liebte, da Vater mich regelmässig die «Schneeberge» aufzählen liess. Wenn wir vom Berg sprachen, war dies der Weissenstein. Im Winter trugen wir die Skis aus Holz bis zum Kurhaus hinauf und kurvten waghalsig durch die Tannen der Gartenmatt zum Weberhüsli hinunter. Meine Jungfernfahrt mit der offenen Sesselbahn machte ich 1950 mit furchtbarem Knieschlottern anlässlich eines Ministranten-Ausflugs.

X - *Xerxes.* In der Bubenzeit faszinierte mich Alte Geschichte mit Ramses, Xerxes und Odysseus. Mathematik gehörte im Gymnasium nicht zu meinen Lieblingsfächern. Für Ferienreisen ins Ausland fehlte mir das Geld. 1967 machte ich eine sechswöchige Campingreise durch die Türkei und betrat als Fünfundzwanzigjähriger erstmals einen aussereuropäischen Kontinent. Staunend stand ich in der Blauen Moschee, und die Trümmer von Troja und Ephesos erinnerten mich an meine Uebersetzungsübungen in den klassischen Sprachen. Multikulturalität par excellence, mitten in einer Zeit, in der man in der Schweiz die Italiener als «Tschinggen» beschimpfte und erstmals über die sogenannte Masseneinwanderung abstimmte.

Y - *Yippie.* So nannte sich eine pazifistische Hippie-Gruppe, deren Lebensstil mit meiner bürgerlich geordneten Umwelt wenig gemeinsam hatte. Als Gymnasiast liessen mich die Schlager von Peter Kraus und Co. völlig unberührt, während ich mich als Student für die Beatles begeisterte, weil diese Band etwas Ungebändigtes ausstrahlte. Die Blues eines Satchmo, die Folk-Songs von Bob Dylan und Joan Baez, Gershwins Musical Porgy and Bess hörte ich in der Familie vom gemeinsamen Plattenspieler, weil ich keinen eigenen Radioapparat besass. Den neuen Lebensstil der Hippies erlebte ich wie die meisten Schweizer Jugendlichen meiner Generation nur vom Lesen und Hörensagen. An der Universität waren Marcuse, Horkheimer, Frantz Fanon, C.Wright Mills und viele andere unsere Geistespäpste, allerdings waren wir weit entfernt von den Langendörfer Radikalen der 1840er Jahre, die richtige Putschisten waren.

Z - *Züghuusjoggeli.* Das beliebteste Museum meiner Bubenzeit war das Alte Zeughaus, natürlich wegen dem Züghuusjoggeli, dessen Speuz-Geheimnis ich nicht lüften konnte. Die imposante Kanonen- und Hellebardensammlung machte mir mächtigen Eindruck; und mit Stolz bemerkte ich in einer der Vitrinen die Uniform samt Säbel und silbernem Reise-Nécessaire des Generals Joseph Bernhard Altermatt. Noch ahnte ich nicht, dass meine militärische Karriere als HD endete, was in der Zeit des Kalten Krieges viel Spott unter meinen Kommilitonen auslöste. Erst der Vietnamkrieg konvertierte uns zu Friedensbewegten.

Solothurn, ach, mein Solothurn der Kinder- und Jugendzeit! Mit den Um- und Aufbrüchen um 1970 erlebte ich eine Scharnierzeit zwischen zwei Welten in Gesellschaft, Politik und Kirche. Die «Babyboomer» – wie die Soziologen unsere Generation nennen – machten in wenigen Jahren eine Kulturrevolution mit dem legendären Jahr 1968 als symbolischer Chiffre durch. In den fünfziger Jahren erlebten wir eine Nachkriegszeit, in der trotz des sich entfaltenden Wirtschaftswunders Ordnung, Disziplin und Sparsamkeit als Tugenden galten. Das weltpolitische Klima war vom Kalten Krieg und seinen Ängsten geprägt. Dann folgte ein spektakulärer Wandel: die «langen Sechziger Jahre» vom Sputnik-Schock im Westen 1957 bis zur globalen Ölkrise 1973. Signaturen der neuen Epoche waren das Ende der Kolonialherrschaft Europas in Asien und Afrika, der Vietnamkrieg und die Friedensbewegungen, die europäische Einigung und der Sonderfall Schweiz sowie für katholische Christen das Zweite Vatikanische Konzil. Emanzipatorische soziale Bewegungen wie die Oekologie-, die Frauen-, die Bürgerrechts-, die Antiatombewegung und so weiter liessen ein neues Lebensgefühl entstehen. Vor dem Hintergrund der Fünfziger- und Sechzigerjahre ist mein Solothurner Jugend-Alphabet zu lesen, verfasst aus Perspektiven von unten, ohne theoretisches Gerede, in Anlehnung an Michel Foucault so etwas wie «Geschichten in kurzen Hosen».

Urs Altermatt, geboren 1942 in Biberist, aufgewachsen in Langendorf, lebt seit 2010 in Solothurn. Zeithistoriker und Publizist, der an der Universität Fribourg und andern schweizerischen, europäischen und US- amerikanischen Hochschulen lehrte und forschte. Zahlreiche Sachbücher, u.a. der Essaysband «Die Schweiz in Europa» (2011), wurden mehrfach ausgezeichnet. Übersetzungen der Bücher in elf Sprachen. Stiftungsrat der Pro Helvetia von 1990 bis 2000.

Obachaufwärts

Peter von Sury

Alle Flüsse fliessen ins Meer,
das Meer wird nicht voll.
Zu dem Ort, wo die Flüsse entspringen,
kehren sie zurück, um wieder zu entspringen.

Kohelet 1,7

Dem Krummen Turm gegenüber mündet der Obach in die Aare. Dem Namen nach handelt es sich um Solothurns merkwürdigstes Gewässer. Ein einziger Buchstabe, der erst noch aussieht wie eine Null. Ein Kürzestname. Vermutlich weltweit der einzige Bach, der so heisst.

Ein paar Dutzend Meter obachaufwärts liegt eine Klinik. Weil sie am Obach liegt, heisst sie Obachklinik. Dort kam ich, nach dem üblichen neunmonatigen Aufenthalt im mütterlichen Fruchtwasser, am 14. Juni auf die Welt. Meine Mutter berichtete oft und gern, es sei ihre leichteste Geburt gewesen, ich sei einfach da gewesen, wie von selbst. Es muss ein sonniger, ein schöner, sommerlicher Tag gewesen sein.

Viel Wasser ist vom Obach in die Aare geflossen, bis ich mich zu interessieren begann für den Tag, der meine Geburt erst möglich gemacht hatte. Neun Monate zeitaufwärts muss etwas passiert sein zwischen Vater und Mutter. Die Eltern sprachen nicht darüber, sie waren in diesen Dingen äusserst zurückhaltend. Trotzdem, da bin ich mir ganz sicher, dachten sie an jenem 14. September weder an Helena, die Kaisermutter, noch ans heilige Kreuz. Auch ich wusste nichts davon und dachte nicht daran, mich dafür zu interessieren. Heute ist das anders. Die Gedanken gehen rückwärts, der Quelle entgegen.

Helena war die Mutter von Kaiser Konstantin dem Grossen. Sie wollte es wissen und hat ebenfalls nach den Ursprüngen geforscht. Es war so: Als betagte Frau segelte sie ums Jahr 325 von Rom übers Meer nach Palästina und liess in Jerusalem, an der Stelle, wo der Ort der Kreuzigung Jesu vermutet wurde, Grabungen durchführen. Tatsächlich wurden, so berichtet die Legende, das Holz und die Nägel gefunden, mit welchen der Heiland am Karfreitag gekreuzigt worden war. Einen Teil dieser Reliquien nahm Helena nach Rom mit, einen zweiten Teil schickte sie ihrem Sohn nach Konstantinopel. Das letzte Drittel blieb in Jerusalem. Über dem Hügel von Golgota wurde auf des Kaisers Geheiss eine Kirche erbaut, die auch die Stelle umfasste, wo Jesu Grab lag. Das ist der Ursprung der Jerusalemer Grabeskirche. Die Weihe der Kirche fiel auf den 13. September 335. Tags darauf, also am 14. September, so berichtet die reisefreudige Nonne Egeria, sei dem versammelten Volk ein Teil des heiligen Kreuzes zur Verehrung gezeigt worden. Daraus wurde im Lauf der Zeit das Fest Kreuzerhöhung.

Möglich, dass meine Mutter an jenem Morgen zur Kirche ging. Aber das war nicht die Hauptsache. Die Hauptsache war, jedenfalls für mich, dass an jenem Tag ein Sämlein sich bauchaufwärts bewegte und auf ein Eilein stiess. Der Empfang war einzigartig. Die beiden lösten sich in einer Kernfusion auf und vollzogen eine Zellteilung nach der andern. Was sollte daraus werden? Bube oder Mädchen?

Das Schicksal entschied sich für das erste. So trat ich ins Dasein. Es muss so etwas wie ein Urknall gewesen sein, lautlos zwar, aber folgenreich. Jedenfalls stelle ich es mir so vor. Jerusalem, Rom, Konstantinopel und das heilige Kreuz gehören dazu. Der Countdown begann, er läuft und läuft und wird laufen bis zum Jüngsten Tag, himmelwärts. Dann kommt die Ewigkeit. Wer weiss. Das hingegen weiss ich: Neun Monate lang war ich im Entstehen begriffen, bevor ich, ein wenig unfertig, am Ufer des Obachs das Licht der Welt erblickte.

Als ich mit fragen anfing und von der Mutter wissen wollte, wo ich gewesen sei, bevor ich auf die Welt kam, antwortete sie wenig überzeugend: «Da seid ihr alle ein Engelein im Himmel gewesen, beim lieben Gott.» Mich ärgerte, dass ich mich weder an den Himmel noch an die Engelein und am allerwenigsten an den lieben Gott erinnern konnte. Ich glaubte der Mutter nicht recht und frage mich noch heute, wo ich war, bevor ich, infolge des nachhaltigen Zusammenpralls von Sperma und Eizelle, auf die Welt kam. Man wird ja wohl fragen dürfen, auch wenn man kein Kind mehr ist.

Später kehrte ich regelmässig an den Obach zurück. Bachaufwärts, nicht weit von der Klinik, lag nämlich das Pfadfinderheim, eine dunkle Holzbaracke, etwas versteckt hinter einer hohen Hecke, an einer Doppelbiegung des Obachs. Es war ein verträumter Flecken Erde am anderen Ende von Solothurn, nicht weit vom Westbahnhof, von der Segetzstrasse her mit dem Fahrrad gut erreichbar. Weiter ging's nicht. Der Pfad führte in ein abgeschirmtes Niemandsland, wo wir unter uns waren. Elektrischer Strom war da, aber kein Telefon, eine kleine Küche und vier Gruppenräume. Einer, ausgemalt mit Szenen aus dem Dschungelbuch, war den Wölfli reserviert. Die beiden grösseren Räume gehörten den Pfadfindern. Der vierte Raum, ein Eckzimmer, war für die älteren bestimmt, die Rover. Sie liessen sich selten blicken, jedenfalls nicht am Samstagnachmittag. Die Baracke verfügte über keinen Keller, daher war es oft ein wenig feucht. Auf der gegenüberliegenden Seite des Obachs standen hohe Bäume, was dem Ort einen parkähnlichen Charakter verlieh, eine grüne Insel, leicht verwildert, am Rande der Stadt. Zum Grundstück gehörte eine Rasenfläche, gross genug, um mit den Kindern einen Kreis zu bilden. Gelegentlich entdeckten wir eine Ratte am Bachlauf, das war etwas Spezielles. Das Gelände dahinter war unzugänglich, Industriezone. Betreten verboten, hiess es.

Um zu erfahren, wo am Samstagnachmittag Antreten war, ob beim Pfadiheim oder beim Spitalhof oder bei der St. Niklauskirche, gingen wir zum Anschlagkasten der katholischen Pfadfinderabteilung St. Urs. Der hing gleich um die Ecke, wo die Schaalgasse von der Hauptgasse abzweigt, an der Ostfassade von Jegers Tapeten- und Kerzenladen. Daneben war ein grösserer Schaukasten angebracht, mit Beleuchtung. Dort war der «Solothurner Anzeiger» ausgehängt, die Tageszeitung der katholisch-konservativen Volkspartei.

Ich war Pfadfinder, ich war oft im Pfadiheim am Obach. Ich war dreizehnjährig und schwärmte für John F. Kennedy. Dieser Mann! Er strahlte etwas Neues aus, Optimismus und Entschlossenheit, jugendlich und unverbraucht, die Verkörperung einer neuen Zeit, die personifizierte Aufbruchsstimmung der frühen Sechzigerjahre. Er stammte aus einer grossen Familie wie wir eine waren, er war katholisch wie wir, und darauf waren wir ziemlich stolz. Ach ja, Amerika, du hast es besser! Jedenfalls bis am 22. November 1963 um neun Uhr abends bei uns daheim das Telefon läutete. Der Vater, an seinem grossen Schreibtisch ins Studium der Gerichtsakten vertieft, nahm den Hörer ab. Auf der anderen Seite sprach, die Stimme war unverkennbar, Herr Specker, der Direktor der Union Druck und Verlag AG, deren Verwaltungsratspräsident der Vater war und die den «Solothurner Anzeiger» herausgab. Ob wir gehört hätten, dass eben etwas Schreckliches passiert sei. In Dallas in Texas sei Präsident Kennedy erschossen worden, im offenen Auto. Die Samstagsausgabe der Zeitung sei bereits gedruckt, was zu tun sei, wollte der Direktor wissen. Gemeinsam beschlossen sie am Telefon, eine Sondernummer zu machen und sie am Samstagmorgen in den Verkauf zu bringen. Wir stellten das Radio an und hörten, tief betroffen und erschüttert, die schluchzende Stimme von Heiner Gautschy, der direkt aus New York berichtete, John F. Kennedy sei von einem Heckenschützen ermordet worden. Tags darauf, am Samstagnachmittag, hatten wir Antreten beim Pfadiheim am Obach. Wir sollten Geschenke aus Holz und Messing basteln für den Weihnachtsverkauf; der Erlös würde benötigt für Reparaturen an der Baracke. Stille herrschte im Gruppenraum, die Wintersonne schien kraftlos durch die kahlen Bäume am Obach. Kennedy tot! Ein Stern war erloschen, die Welt einer wundervollen Hoffnung beraubt, ich um einen Bubenschwarm ärmer.

Seither ist ein halbes Jahrhundert verflossen. Der Mythos um John F. Kennedy ist verblasst. Den «Solothurner Anzeiger» gibt es längst nicht mehr. Das Pfadiheim wurde vor vielen Jahren auf die andere Seite der Stadt, nach St. Niklaus in die ehemalige Jugendherberge verlegt. Die Baracke am Obach steht noch am selben Ort, sie klingt heute ein wenig wie Barak Obama. Das Gelände ist von einem hohen Maschenzaun umgeben, wie um ein Internierungslager. Schade.

Heute würde ich Vater und Mutter gerne ausfragen über jenen 14. September. Ob es für sie eine Sternstunde war. Aber das geht nicht. Sie sind gestorben und ruhen seit Jahren in der Friedhoferde auf der Südseite der St. Niklauskirche, jenseits von Solothurn. Sie haben ihr Geheimnis mit ins Grab genommen. Falls ich sie tatsächlich gefragt hätte nach den Umständen und nach ihren Empfindungen, damals, als ich ins Dasein trat, würden sie mir vielleicht gesagt haben: So etwas fragt man nicht; oder: Das geht dich nichts an.

Dort, wo sie beerdigt sind, an der Südostecke des Friedhofs, kann es bissig kalt sein, wenn die Bise bläst und wir nach der Jahrzeitmesse am Familiengrab stehen. «Mach vorwärts, es ist kalt!» drängen sie. Deshalb mache ich so kurz wie möglich. Am Schluss singen wir, auswendig, *Là-haut sur la montagne*. Etwas abwärts, unterhalb der Gräberreihen, glitzert durch die Bäume der Verenabach. Vom

Berg herkommend fliesst er durch die Verenaschlucht, durchquert auf seinen letzten paar hundert Metern den St. Katharinen-Friedhof, Solothurns Ostgrenze, mündet dann wie der Obach in die Aare und gelangt irgendwann ins Meer. Derweil verklingen die letzten Worte im Wind:

Car Jean, d'un cœur vaillant,
L'a reconstruit plus beau qu'avant.

Jetzt ist es still, einen Augenblick lang.

Peter von Sury kam 1950 in Solothurn auf die Welt. Dort verbrachte er im Lindenhof eine glückliche Kindheit, ging ein Jahr lang in den Kindergarten an der Unteren Sternengasse, absolvierte fünf Jahre Primarschule im Hermesbühl, ging dann an die Kanti ins Gymnasium, das er 1969 mit der Matura A abschloss. Dort sang er im gemischten Chor, später im Domchor der St. Ursenkirche. Es folgten vier Jahre Studium an der Uni Bern (zwei Jahre Jus, zwei Jahre Geschichte), ein fünftes in Fribourg. Nebenher war er mit Leib und Seele bei den Pfadi St. Urs engagiert, machte 1970 die RS in Bière, zwei Jahre später daselbst die Unteroffizierschule. Im Herbst 1974 pilgerte er zu Fuss von Solothurn nach Mariastein, wo er um Aufnahme als Benediktinermönch bat. Es folgten das Noviziat, Studien der Theologie und des Kirchenrechts in Einsiedeln und in Rom. Von 1982 an bis 1999 war er in den Pfarreien des solothurnischen Leimentals tätig. Ein paar Jahre betreute er die klostereigene Zeitschrift, arbeitete fürs kirchliche Ehegericht und dozierte das Fach Kirchenrecht. Im Juni 2008 wurde er zum 41. Abt von Beinwil bzw. zum 19. Abt von Mariastein gewählt.

Wie ein Berner zu einer Gedenkinschrift in der Verenaschlucht kam

Max Wild

Meine Eltern stammten aus Wädenswil am Zürichsee. Demnach bin ich in Solothurn ein Zugewanderter. Als solcher pflege ich die traditionelle Festrede des Bruderschaftsmeisters der 1559 gegründeten Solothurner St. Lukasbruderschaft einer Persönlichkeit zu widmen, die ebenfalls einen Migrationshintergrund aufweist und die sich in der Ambassadorenstadt angesiedelt und hier Spuren hinterlassen hat. Diesmal handelt es sich um einen Mann aus gutbürgerlicher, stramm protestantischer Stadtberner Familie. Nachdem er vor genau 200 Jahren, 1814, zur Welt kam, liegt es nahe, heute über ihn zu sprechen.

Am Neujahrstag 1814 im barocken Schloss Thunstetten unweit von Langenthal geboren, wurde er im reformierten Kirchlein beim Schloss auf drei Vornamen getauft. Deren erster war Karl. Der Spannung zuliebe sei er vorläufig mit diesem Namen genannt.

Im elterlichen Schloss und seiner ländlichen Umgebung erlebte der aufgeweckte Knabe eine unbeschwerte Kindheit. Neben seinen Eltern und seiner Schwester Louise prägte diese Kindheit vor allem Mamsell Peters, Gouvernante und Faktotum im elterlichen Schloss.

205

Karl sah sie so:

*«Mamsell Peters war für den, welcher sie zum ersten Mal sah, von un-
bestimmbarem Geschlecht und Alter. Sie war von abschreckender Hässlichkeit, ihre groben Gesichtszüge erschienen durch eine Unzahl von
Pockennarben noch mehr entstellt. Die schwarz und weiss gesprenkelten
Haare trug sie wie ein Mann halbkurz geschoren und auf der Nase eine
Brille. Ihre Kleidung bestand aus einem langen dunkelfarbigen Kaftan
mit einem Stehkragen. Zu alledem hatte sie ein Hinkebein.*

*Trotz ihrer Hässlichkeit liebten wir sie sehr. Sie war fröhlichen Ge-
müths, hatte stets einen Spass auf den Lippen, wusste uns allerlei Geschichten zu erzählen, und unterzog sich, wenn wir irgendeinen dum-
men Streich verübt hatten, bei Papa und Mama der Vermittlerrolle.»*

Bei aller Zuneigung zu Mamsell Peters hegte Karl ihr gegenüber
einen gewissen Verdacht. Doch davon später.

Der kleine Wildfang durfte zunächst in idyllischer Umgebung in
Freiheit aufwachsen. Seine Eltern hielten es aber mit Wilhelm Busch,
der in *Max und Moritz* dichtete:

«Also lautet ein Beschluss,
dass der Mensch was lernen muss.»

Zu diesem Zweck schickten sie Karl in die Knabenerziehungsanstalt
im ehemaligen Kloster von Gottstatt bei Orpund. Dort war er alles
andere als glücklich. Deshalb war er zwar froh, als die dortige *«In-
stitutssklaverei»* zu Ende war und Herr Fidel Strotz, ein Katholik aus
dem Sankt-Gallischen, als Hauslehrer seine Bildung im elterlichen
Schloss an die Hand nahm. Gleichzeitig wurde er aber in seinem oben
angedeuteten Verdacht gegenüber Mamsell Peters bestärkt. Er sagte
dazu: *«Ohne Zweifel hatte Mamsell Peters den Konfessionsgenossen in
unsere Familie einzuschmuggeln gewusst.»*

Herrn Strotzens Bildungsbemühungen waren nur von kurzer Dauer.
Wegen einer Geschichte mit Karls Schwester wurde er von einem Tag
auf den andern als Hauslehrer entlassen.

Sein Abgang blieb nicht die einzige Änderung in Karls Elternhaus.

Weil die Ökonomie des Schlosses wesentlich mehr kostete als ein-brachte, waren die Vermögensverhältnisse derart prekär geworden, dass die Familie das Anwesen verkaufte und nach Solothurn umzog.

Der neue Wohnsitz kam Karl wiederum verdächtig vor. Er vermute-te, man sei, unter dem Einfluss von Mamsell Peters, nach Solothurn und nicht nach Bern umgezogen, weil die Ambassadorenstadt katho-lisch war.

Entsprechend verlief Karls weiterer Bildungsweg. Als ersten Pro-testanten überhaupt nahm das Solothurner Jesuitenkollegium ihn als Schüler auf.

Sein erster Lehrer am Kollegium war nach seiner Erinnerung *«kein grosser Gelehrter, aber ein sehr wohlmeinender und für seine Zeit und seine Verhältnisse aufgeklärter und freisinniger Mann. Ihm gelang es, meinen schlummernden Geist allmählich zu wecken.»*

Karl war ein ordentlicher Schüler, bis er einmal in einer Schul-theateraufführung eine weibliche Rolle spielen musste. Seine Bemü-hungen, das Frauenimage loszuwerden, beschreibt er so:

«Ich suchte mir, um den jungfräulichen Duft abzustreifen, allerlei Rohheiten anzugewöhnen. Ich wurde unordentlich und unreinlich, machte mich mit groben, wüsten Redensarten gross, fing mit grosser Selbstüberwindung und nicht ohne lebhafte Proteste meines Magens das Rauchen an und trug mein Taschengeld in verschiedene Winkel-Wirthshäuser.»

Protestantischer Religionsunterricht wurde am Jesuitenkollegium naturgemäss nicht erteilt. Hiefür war der reformierte Pfarrer von Lüss-lingen zuständig, doch offenbar mit wenig Erfolg. Sonst hätte Karl kaum später einmal von sich gesagt: *«Ich war und blieb ein Heide.»*

Nach der Zeit am Jesuitenkollegium kam die Berufswahl. Unter dem Einfluss seines Freundes Franz Bünzly entschloss sich Karl, für das Studium der Rechtswissenschaften an die Universität von München zu ziehen. Knapp achtzehnjährig reiste er 1831 mit seinem Freund und Mentor in die bayrische Metropole.

Er war jetzt ein Student. Aber wirklich begeistert von der Juristerei war er nicht. Das gewaltige Pensum von acht Vorlesungen – pro Woche wohlverstanden, nicht pro Tag – belegte er, und diese schwänzte er erst noch häufig. Wesentlich aktiver war er auf dem Fechtboden und an den Kneipen der Burschenschaft «Marcomannia».

Nach den Semesterferien in Solothurn begab er sich zur Fortsetzung des Studiums nach Heidelberg. Mit dem Wechsel in die Studentenhochburg am Neckar nahm er sich vor, seine juristischen Studien mit mehr Fleiss zu betreiben als bis anhin. Es blieb beim Wollen.

Sein Mentor aus der Münchner Zeit, Franz Bünzly, der inzwischen nach Paris gezogen war, schrieb seinem Freund von dort einen langen Brief nach Heidelberg. Beim Verfassen einer Antwort geriet Karl in einen richtigen Schreibrausch. Aus dem, was am Anfang nur als Brief gedacht war, wurde eine Humoreske von fünfzehn grossen Briefbögen. Die Epistel an Bünzly war für Karls Lebenslauf von grosser Bedeutung; denn bei dieser fröhlichen Arbeit ging ihm zum ersten Mal die Ahnung auf, er könnte das Zeug zum Schriftsteller haben.

Als nächste Rechtsfakultät besuchte er jene von Berlin. Wiederum war der Anfang des neuen Studienjahres für ihn der Anlass, hinsichtlich Studium gute Vorsätze zu fassen. Aber auch an der Spree *«schwänzte ich häufiger, als mein Schulgewissen hätte zulassen sollen.»* So war auch sein Berliner Aufenthalt weniger geprägt von zielstrebigem Studium als vielmehr von Theater-, Opern-, Ausstellungs- und Wirtshausbesuchen. Ein Jahr später verabschiedete sich Karl von Berlin nach eigener Aussage mit geringem geistigem Gewinn.

Nächster Studienort war Paris. Doch schon als er 1834 dorthin reiste, war ihm klar, dass er sich nicht weiter der Rechtswissenschaft widmen würde. An der Seine besuchte er deshalb weniger die Universität als vielmehr die Salons der Noblesse. Zugang dazu verschafften ihm Empfehlungsschreiben aus der Solothurner Aristokratie und besonders die Beziehungen einer alten Bekannten aus Kindheitstagen. Mamsell Peters hatte nämlich nach dem Tod von Karls Vater die

Schweiz verlassen und war in Paris «Dame de Compagnie» bei einer Comtesse geworden.

In den Briefen, die sie ihm nach Paris sandte, fragte seine Mutter mehr als einmal: *«Was treibst du eigentlich in Paris?»* *«Ich flaniere, ich besuche die Kunstsammlungen, die Sehenswürdigkeiten, die Theater, ich studiere die grosse Stadt …,»* lautete seine Antwort.

Die grosse Stadt, von der er später einmal sagte: *«Potz mildedie, was ist Paris für ein Städtli! Hätte es einen Santursenturn, ein Arsenal und eine Aermitasche, so wäre es schier ein kleines Honolulu.»*

Was genau er im «Städtli» an der Seine trieb, blieb vorläufig sein Geheimnis. Für ihn aber stand sein Berufsentscheid fest. Er hatte beschlossen, es als Schriftsteller zu versuchen. Seinem Erstling gab er in Erinnerung an seine Münchner Zeit den Titel *«Münchner Bilder»*.

Jetzt war der Moment gekommen, seiner Mutter die neue berufliche Ausrichtung zu eröffnen. Sie hatte immer noch geglaubt, dass ihr Sohn ernstlich den juristischen Studien obliege und nach deren Abschluss zusammen mit seinem Freund Amanz Glutz ein Advokaturgeschäft eröffnen würde. Obwohl es anders kam, reagierte sie wohlwollend auf Karls Bekenntnis. So konnte er die Heimreise nach Solothurn in bester Stimmung antreten.

Nach seinen Lehr- und Wanderjahren wieder zurück in Solothurn, brach 1835 die Zeit an, die er als seinen *«Lebensmai»* bezeichnete. Täglich hatte er in seinem grossen Freundeskreis anregende Begegnungen mit gebildeten jungen Leuten. Zu dieser kultivierten Gesellschaft gehörte auch Kleopha, eine Tochter aus dem alteingesessenen Solothurner Geschlecht der Gugger. Sie wurde seine Ehefrau und Mutter seiner Kinder Hildegard und Otto.

Karl und Kleopha wurden zuerst nach reformiertem Ritus im Stephanskirchlein am Friedhofplatz getraut. Im echten Wengigeist stellten damals die Katholiken den Protestanten ihre Kirche zur Verfügung, weil es zu jener Zeit in Solothurn noch kein reformiertes Gotteshaus gab. Anschliessend erfolgte die Trauung nach katholischer Liturgie in der Hauskapelle der Familie Gugger.

Die Berner Verwandten des Bräutigams waren nicht unter den Hochzeitsgästen, weil sie diese Liaison wegen der Religion missbilligten. Karl sagte dazu lapidar: *«Ihre Abwesenheit verursachte mir nur geringen Kummer.»*

Als frei denkender Mensch stimmte Karl ohne grosse Ressentiments zu, dass allfällige Kinder im katholischen Glauben zu erziehen seien. Durch diesen Entscheid wurden die Solothurner Nachfahren der ursprünglich streng protestantischen Berner Familie katholisch. Mamsell Peters hatte demnach mit ihren missionarischen Bemühungen, welche Karl seinerzeit mit Argwohn verfolgt hatte, gleichsam Weihwasser in die Aare getragen.

Zum Solothurner Wohnsitz des jungen Ehepaars wurde Kleophas früheres Elternhaus an der St. Niklausstrasse. Weil im Hof drei grosse Linden standen, gab Karl seinem neuen Familiensitz den Namen *Lindenhof*, den das Anwesen heute noch trägt.

Einzig ein Wermutstropfen beeinträchtigte die glückliche Zeit der ersten Ehejahre ein wenig: Der Verlag, der nach Karls Wunsch die *Münchner Bilder* hätte verlegen sollen, schickte das Manuskript mit einer Absage zurück.

Karl liess sich dadurch nicht entmutigen. Zusammen mit seinen Freunden Franz Krutter und Georg Schlatter nahm er ein neues literarisches Projekt in Angriff, das *Schweizerische Jahrbuch für schöne Literatur* mit dem Namen ALPINA. Dessen erster Jahrgang, 1841, blieb indessen auch sein letzter.

Nach dem Scheitern des Jahrbuchs ALPINA nahm das Trio ein neues literarisches Vorhaben an die Hand. Es gründete das *WOCHENBLATT für Freunde der schönen Literatur und vaterländische Geschichte*. Aber auch diesem Blättchen war nur eine kurze Lebensdauer beschieden. Karl drückte es so aus: *«Wegen Überfluss an Abonnentenmangel schloss das ‹Wochenblatt› sein kurzes Lebensläuflein schon nach zwei Jahren.»*

Aber: Das Wochenblatt hatte eine Beilage, die gesund und kräftig überlebte. Karl beschrieb sie so:

«In Solothurn erschien einst ein Witzblatt, von einem gewissen Gassmann redigirt, welcher den Beinamen ‹HUDIBRAS› führte. Wir verfielen auf den Gedanken unserem Wochenblatt versuchsweise ebenfalls einen humoristischen Beiwagen anzuhängen, dem wir zu Ehren eines damaligen Witzbolds und Briefträgers den Namen ‹POSTHEIRI› gaben. … Dieser wurde eine schweizerische Berühmtheit, beinahe eine Macht, belacht, gefürchtet, von Jedermann gelesen, und brachte es auf nicht weniger als dreissig Jahrgänge. Während nicht weniger als 30 Jahren nahm der POSTHEIRI meine beste Arbeitskraft und Arbeitszeit in Anspruch. Er trug mir eine gewisse Berühmtheit ein. … Aber wie viel Anderes, wie viel Besseres hätte ich während diesen 30 Jahren leisten können, wäre mir nicht der Postheiri wie ein Bleigewicht am Fusse gehangen!»

Beim Stichwort *Postheiri* dämmert es zumindest den Solothurner Fasnächtlern, dass es sich bei Karl um Alfred Hartmann handeln muss, mit vollem Namen Karl Alfred Emanuel Hartmann.

Der Postheiri, der sich im Untertitel als *Illustrierte Blätter für Gegenwart, Oeffentlichkeit und Gefühl* bezeichnete, beleuchtete unter anderem die Politik des jungen schweizerischen Bundesstaates ironisch. Die Schaffung immer neuer staatlicher Monopole kritisierte er so: *«Wir können noch viel mehr Monopole schaffen: Tabak, Bier, Wein, Hochzeiten, Ausverkäufe, Wochenmärkte, Buchhandel, Taufinen, Galafressen der Bruderschaften: Alles könnte verstaatlicht werden.»*

Seine Betrachtungen des aktuellen Geschehens schilderte der Postheiri oft aus der Perspektive des *Hilarius Immergrün*, dem fernrohrbewehrten Turmwächter auf St. Ursen. Diese Solothurner Fasnachtsfigur ist ebenso eine Erfindung Alfred Hartmanns wie *Hilarius Immergrüns* vorwitziges Töchterlein *Elisi* oder *Honolulu* als fasnächtlicher Name für Solothurn.

Nach den langen dreissig Jahren seines Erscheinens begann der

Postheiri gewisse Ermüdungserscheinungen zu zeigen. Er begann unter der Konkurrenz des neuen, moderneren Satireblatts *Nebelspalter* zu leiden.

«Der Postheiri ist veraltet und blöd geworden. Herunter mit ihm! Der Nebelspalter ist der neue MESSIAS des Schweizer Witzes und Humors!» hiess es plötzlich.

Am Weihnachtstag des Jahres 1875 erschien der alte Postheiri zum letzten Mal. Sein geistiger Vater bedauerte einerseits sein Ableben, empfand es anderseits doch auch als grosse Befreiung.

Dokumente, die man als erhaltenswert für die Nachwelt betrachtet, werden häufig an besonderen Orten aufbewahrt. Angesichts seiner Bedeutung für Solothurn und für die ganze Schweiz widerfuhr dem historischen Postheiri diese Ehre ebenfalls: Auf dass er künftigen Generationen erhalten bleibe, wurde ein Exemplar auf Pergament in den Grundstein der Klinik Rosegg in Langendorf eingemauert, die zu jener Zeit im Bau war.

Damit wurde der Postheiri allerdings nicht endgültig bestattet. 1921 erstand er wieder. Diesmal allerdings nicht mehr als *Illustrierte Blätter für Gegenwart, Oeffentlichkeit und Gefühl,* sondern als *Hilaroelisisches Intelligänz-Chäs-Wuche-Wösch- und Tagblatt für die Stadt Honolulu samt Umgäbung.*

Auf Grund seiner witzigen Beiträge im Ur-Postheiri lud die *Narrhalla*, eine Vorgängerin der Solothurner Narrenzunft Honolulu, Alfred Hartmann ein, das Programm für einen Fasnachtsumzug zu entwerfen. Er nahm die Einladung an, weil ein geeigneter Stoff in der Luft lag: In Solothurn ging das Gerücht um, ein Bürger des Städtchens, Paul Würtz, habe es in fremden Landen bis zum General gebracht. Das dabei erworbene Vermögen, das er vor circa 200 Jahren bei der Bank von Amsterdam angelegt habe, sei seither bis zur Summe von 45 Millionen aufgelaufen. Um dieses Geld abzuholen, entsandte die Familie Wirz, die sich als Erbe sah, eine Deputation nach Amsterdam. Die Sache erwies sich als lauter Seifenschaum. Diese Würtzische

Erbschaftskomödie gestaltete Alfred Hartmann zu einem originellen Fasnachtsumzug. Das Ganze wurde zu einem grossen Erfolg. Hartmann hatte sich damit den Ruf eines Fasnachtsdichters erworben und wurde noch mehrfach in dieser Eigenschaft in Anspruch genommen.

Trotz seines grossen Engagements für den Postheiri und für die Fasnacht war er weiterhin schriftstellerisch tätig. Er wurde Feuilletonredaktor der Berner Zeitung *Der Bund* und redigierte die landwirtschaftliche Publikation *Neuer Bauernkalender*.

Dazu schreibt er: *«Der ‹Neue Bauernkalender› war es, welcher mich in mein richtiges literarisches Fahrwasser brachte. Die Schilderungen aus dem Bauernleben auf den Höfen und in den Dörfern des Jura und an der Aare wurden mein Spezialfach, in welchem ich etwas Originelles zu leisten vermochte.»*

Eine Sammlung von kleinen Erzählungen aus dem dörflichen Milieu, die so genannten *Kiltabendgeschichten*, wurde zu seinem ersten namhaften literarischen Erfolg. Lobende Kritiken in der *Neuen Zürcher Zeitung* und in der *Allgemeinen Augsburger Zeitung* begründeten seinen Ruf als Schriftsteller.

Neben seiner Tätigkeit als Literat versuchte er sich vorübergehend auch als Kapitalist:

Ein paar initiative Solothurner waren auf die Idee gekommen, eine Solothurnische Dampfschiffgesellschaft zu gründen. Auch Alfred Hartmann beteiligte sich und wurde sogar ins *Verwaltungscomité* gewählt. Diese Gesellschaft kaufte ein altes Neckarschiff, restaurierte es und betrieb damit die Schiffsverbindung von Solothurn nach Nidau und sogar bis Yverdon.

Am Anfang war das Ganze recht rentabel, aber schliesslich brach die Eisenbahn als übermächtige Konkurrenz dem Unternehmen das Genick.

Alfred Hartmann erlebte es so: *«Das Ende vom Lied war die Liquidation und der Verlust sämmtlicher Aktiengelder. Bei dieser Dampfschiff-Schwindelgeschichte, welche mit Humor begonnen, durfte auch zum Schluss der Humor nicht fehlen. Das Schiff ‹Stadt Solothurn› wurde als altes Blech an einen Musikdosenfabrikanten verkauft und spielt jetzt möglicherweise irgendwo bei den Wilden: ‹Freut euch des Lebens, weil noch das Lämpchen glüht!›*

Ich war für mein ganzes Leben von der Sucht kurirt, bei irgendwelcher industriellen Unternehmung mich selbstthätig zu betheiligen. Plagte mich – noch nach Jahren – ein schlimmer Traum, so war es eine Dampfschiffcomitésitzung.»

Nach diesen Erfahrungen als Financier wandte er sich wieder seinem angestammten Gebiet zu, der Literatur und seinen Kiltabendgeschichten.

Als Spätwerk schuf er den dreibändigen Roman *Fortunat*. Es blieb sein einziger grosser Roman. Er selber hielt ihn für sein bestes Werk, bei der deutschen Lesewelt kam er aber nicht an. Die Enttäuschung darüber war wahrscheinlich der Grund dafür, dass er den zweiten grossen Roman, den er geplant hatte, *Des Lebens Unverstand*, nicht schrieb.

Als weitere Werke verfasste er Romane wie den *Meister Putsch und seine Gesellen*, in welchem er sein politisches Glaubensbekenntnis ablegte. Dieses Werk wurde von allen Parteien mit einem Hallo der Entrüstung begrüsst, weil sowohl das radikale als auch das ultramontane Lager mit herber Kritik bedacht wurde.

Sonst war Hartmann in der Politik nicht aktiv, oder, wie er es sagte, *«Unbeteiligt war ich, doch nicht teilnahmslos.»*

Sein einziges politisches Amt war Gemeinderat von Solothurn. In dieser Eigenschaft musste er vor 150 Jahren als Berichterstatter die geplante Einverleibung Feldbrunnens in die Stadt vertreten. Dieser Antrag war indessen schon zu jener Zeit chancenlos, obwohl der damalige Ammann von Feldbrunnen, der Kunstmaler Frank Buchser, diese Fusion lebhaft befürwortet hatte.

Neben seiner schriftstellerischen und bescheidenen politischen Tätigkeit engagierte sich Alfred Hartmann auch intensiv für das Solothurner Kulturleben. Ihm ist unter anderem die Gründung der Töpfergesellschaft zu verdanken, einer heute noch bestehenden solothurnischen Kulturinstitution, welche seit 1857 immer wieder namhafte Referenten nach Solothurn zieht.

Doch nicht nur die kulturelle Bereicherung der Stadt, sondern auch deren Verschönerung war ihm ein Anliegen. Als die Idee aufkam, dem Afrikaforscher Werner Munzinger ein Denkmal zu errichten, machte er sich an die Erarbeitung eines Entwurfs. Ihm schwebte eine kolossale Sphinx als Symbol für den schwarzen Erdteil vor. Als Alternative zu dieser Sphinx wurde ein Obelisk aus Solothurner Marmor vorgeschlagen. Mitten in der Diskussion um die beiden Entwürfe geschah etwas, was Alfred Hartmann so beschreibt: *«Da fiel mir ganz unvorgesehen, wie ein Blitz aus heiterem Himmel ein sausackgrober Brief des Herrn Professors und Doktors der Philosophie Victor Kaiser, des Schwagers Munzingers, in's Haus mit der Anschuldigung ich hätte in dieser Denkmalsangelegenheit die beitragleistende Familie Munzinger geflissentlich bei Seite gelassen und vor den Kopf gestossen.»*

Obsiegt hat schliesslich die Idee mit dem Obelisk. So steht heute bei der reformierten Kirche in Solothurn anstelle eines Denkmals zu Ehren des berühmten *Munzinger Pascha* ein Familienmonument für vier mehr oder weniger bedeutende Munzinger. Pikiert stellte Hartmann dazu fest: *«Die Familie verschmähte es jedoch nicht, den Beitrag der Töpfergesellschaft von Fr. 776 und 35 Centimes dafür in Empfang zu nehmen.»*

Auch anderweitig bemühte er sich um unser Stadtbild, allerdings in einer Art, die ihm heute wahrscheinlich keine Lorbeeren mehr einbrächte: In der Zeit des Schanzenabbruchs setzte er sich dafür ein, dass auch die letzte noch bestehende Bastion geschleift wird.

Lassen wir wieder ihn reden:

«Einige Solothurner, die als Knaben dort ihre Spiele getrieben, und einige andere Verehrer alten Gerümpels begeisterten sich für die Erhaltung dieser St. Ursenbastion und weibelten aus den verschiedenen

Theilen der Schweiz 97 Unterschriften angesehener und einflussreicher Männer zusammen, welche sie unter einen ‹Aufruf zur Erhaltung der St. Ursenbastion› setzten.

Ich ärgerte mich über diesen Schwindel und warf eine Erwiederung aufs Papier, in welcher ich darzulegen suchte, dass die St. Ursenbastion weder als glorreiches historisches Denkmal noch aus ästhetischen Gründen erhalten und restaurirt zu werden verdiene. Diese Erwiederung fiel wie eine Bombe mitten unter die Restaurationsschwindler, die in einigen Zeitungsartikeln Zeter schrieen. Dann verstummte die Bastionfrage wahrscheinlich für immer. Wenn die St. Ursenbastion vom Erdboden verschwindet, so muss ich mir die Schuld beimessen.»

Alfred Hartmann galt als lauterer, geradliniger Charakter und war ein geselliger und kontaktfreudiger Mensch. Dementsprechend hatte er einen grossen Freundeskreis. In diesem findet man mehrere bedeutende Namen, darunter jenen von Jeremias Gotthelf, welcher über Hartmann schrieb:

«Das Volk lauschte den Reden der Männchen, welche sich eine eidgenössische Celebrität glaubten oder eine werden wollten. ... Da hab ich denn auch die Solothurner Literaten gesehen, nicht übel hat mir der Hartmann gefallen, die übrigen weniger.»

Trotz dieses wohlwollenden Urteils des grossen Emmentaler Dichters wurde Alfred Hartmann nicht zu einem Schriftsteller der Weltliteratur. Er selber drückte es so aus: «Hätte ich einen grösseren Wirkungskreis gehabt, es hätte etwas werden können. Aber mir fehlte die Energie, mich von den tausend Fäden loszureissen, welche mich an die Kleinstadt fesselten, die nun einmal meine zweite Heimat geworden.»

Trotz dieser engen Verbundenheit mit Solothurn verspürte er immer wieder das, was er als Heimatverleider bezeichnete. So brach er – abgesehen davon, dass er jedes Jahr mehrere Wochen zur Kur auf den Weissenstein stieg und Heilbäder im In- und Ausland besuchte – jährlich auf mindestens eine grössere Reise auf. Auf diesen Lust-, Kur-, Bildungs- und Erholungsreisen bereiste er selbst die abgelegensten Regionen der Schweiz, und auch fernere Gegenden wie das Südtirol, Italien, Böhmen, die französische Atlantikküste und andere Destinationen gehörten zu seinen Reisezielen.

Alfred Hartmanns Werke werden heute kaum mehr gelesen. Im Deutschunterricht hörte ich nie etwas von ihm. Trotzdem wird er nicht ganz in Vergessenheit geraten; denn in der Solothurner Weststadt erinnert ein Hartmannweg an ihn, und Alfred Hartmann ist zudem einer jener prominenten Solothurner, die mit einer Gedenktafel in der Verenaschlucht geehrt wurden. Zuhinterst in der Schlucht, beim Einsiedlerhäuschen, über der Arseniushöhle, prangt die Inschrift, welche auch der Titel meiner heutigen Rede hätte sein können:

> DEM HEIMATLICHEN DICHTER
> ALFRED HARTMANN
> 1814-1897
> DIE TÖPFER-GESELLSCHAFT

Dieser Text ist eine gekürzte und adaptierte Fassung der Festrede, welche der Autor als Bruderschaftsmeister der St. Lukasbruderschaft im Januar 2014 in Solothurn gehalten hatte.

Die St. Lukasbruderschaft Solothurn: Weil sie in keine der bestehenden Handwerkerzünfte aufgenommen wurden, schlossen sich 1559 acht Solothurner Künstler zu einer Gilde zusammen. Nach Lukas, dem Schutzpatron der Künstler, nannten sie ihren Zusammenschluss Lukasbruderschaft. Im Lauf der Zeit wandelte sie sich von einer zunftähnlichen Organisation zur heutigen Vereinigung der «Freunde der schönen Künste».

Max Wild (*1943), promovierter Jurist, ist Bruderschaftsmeister, das heisst Präsident der St. Lukasbruderschaft. Zu seinen Pflichten gehört eine jährliche Festrede. Daneben ist er als Stadtführer für Solothurn Tourismus tätig. Körperlich fit hält er sich als passionierter Ruderer und als passabler Skifahrer.

Fluss. Meer.

Felix Epper

Abende in Richmond, Virginia

Die Magnolien erblühen, wenn ich mein Buch aufschlage an der windgeschützten Stelle beim Flussufer. Ich bette mich gleich unterhalb des Weges und bin doch geschützt vor den Blicken der Spaziergänger. Vor Tieren habe ich keine Angst mehr. Die Weiden reichen bis zum Wasser, berühren mit ihren Zweigen die Wogen. Erstes Grün spriesst an Frühlingstagen wie diesem, der Knoblauch des Waldes schmeckt nur leicht scharf im Mund. Ich esse ihn zu Brot und Wein. Lese dazu. Träume mich in den Sommer des Jahres 84, den Sommer der perlenden Tropfen an meiner Brust, den Sommer der Brückenspringer, den Sommer, als Bob in den Schwanenhals biss. Ich fahre der groben Haut meines Unterarmes entlang. Ich habe sie immer gemocht, diese Haut. Sie war weicher als deine damals, fast unbehaart. Wir spielten Mädchen oder Junge. Kleiner Junge – grosses Mädchen. Grosser Junge – kleines Mädchen. Du hast meinen Hals geliebt. Ich liebte deine Arme. Der Montag war der Tag der Halsliebkosung, der Montag gehörte dem zitternden Flaum, auch den Fingerspitzen gehörte der Montag und der Beuge des Armes. Und schwimmen gingen wir immer. Danach lagen wir auf den Steinen, ich mit dem Buch in der Hand, du warst einfach nur da. Mit dem Wind in den kurzen Haaren, der Kette mit dem schwarzen Stein als einzigem Schmuck zwischen den beiden Schlüsselbeinknochen. Ich ertaste sie wie ein Grabräuber, ziehe die dünne Haut straff, um nur noch Knochen zu fühlen. Es war Montag und ich sprach von der Vergänglichkeit des Fleisches, aber du führtest meine Finger zu den Sehnen des Halses, und ich könnte jetzt schreiben, dass wir uns auch küssten am Ufer des breiten Fluss an dem Tag, als Bob den Schwan erlegte im Jahre 84.

Manchmal fuhren Boote vorbei. Manchmal fahren Boote vorbei. Möchtegern Hochseekapitäne qualmen wie einst Zigarren, falsche Cohibas aus Richmond, Virginia. Dicke Bäuche in der Sonne, Bikinimädchen zur Linken, zur Rechten. Ich erblicke, ertaste die Welt, als sei es der Sommer des Jahres 84. Ich danke meinem Körper, der noch liegen darf auf den Steinen am Ufer. Ich spüre die ledrige Haut des Armes, und noch immer jagst du mir Schauer über den ganzen Körper. Ich lese Lyrik. Im Spätboot. Du bist einfach nur da. Das Schlüsselbein bleibt unberührt, das muss warten. Ich werde fasten die nächsten Tage, um die Knochen noch besser zu spüren. Heute Bärlauchspitzen und Brot und Wein. Am Wochenende wie immer nur ein paar Schluck Wasser und dann am Tage selbst der erste Sprung in die Fluten. Sie melden 19 Grad Luft- und 11 Grad Wassertemperatur. Die Schwäne sind verschwunden, man hatte begonnen, sie wie die Ratten zu jagen vor langer Zeit. Doch Bob haben sie noch abgetan für seinen Frevel. Ein wenig graut mir vor dem Schwimmen am Montag. Ein Ekel davor.

Ich erinnere mich einer Zeit, als ich den Kaffee hasste am Morgen. Und noch mehr die Milch und der Griff der kleinen Pfanne und ich hasste den Schalter am Herd und ich führte den Schwingbesen unter grösster Überwindung und eigentlich hasste ich sogar das Rauchen. Ich hasste Landschaften. Landschaften im Sommer. Landschaften im Winter. Alle. Ich hasste das Spazieren. Ich hasste das Gemüse auf dem Wochenmarkt. Ich hasste meine alten müden Augen. Der Schnee des Winters 84 hatte sich schon wieder herabgewälzt, bedeckte Waldränder und kroch zu den Bahngleisen vor wie eine Kriegsfront, weiss wie Milch. Noch mehr als den Kaffee hasste ich die Milch am Morgen und trank ihn doch den Kaffee mit der Milchhaube. Jeden Morgen zwang ich mich zur Zigarette und dachte an die fetten Kapitäne mit den falschen Cohibas aus Richmond, Virgina und an Bob, der den Schwan erlegte. Bob, ein verfrühter Held gegen die weisse Plage der Schwäne. Die Schwäne bedeckten unsere Flüsse wie der Industrieschaum, von dem uns die Eltern erzählten lange vor dem Jahre 84. Die Schwäne mit dem so absurden Arsch im Himmel. Ich hasste mein Notizbuch und ich hasste alle Bleistifte und dennoch schrieb ich jeden Morgen zum Kaffee, zur Zigarette. Ich schrieb über Industrieschaum, über die absurden Ärsche, den toten Bob. Ich schrieb kein Wort über dich.

Es ist Montag, und dieser Tag gehört jetzt mir, obwohl ich doch deinen Hals liebte, obwohl du ihn mir zum Geschenk gemacht hast. Ich denke mir meinen rechten Zeigefinger als den deinen und ich weiss, dass du staunen würdest über die Beschaffenheit meiner Haut. Du wolltest alt sein und mich lieben, hast du mir versprochen im Sommer des Jahres 84, und ich erinnere mich daran, und da ist kein Groll, kein Bedauern. Da ist ein Fluss. Da sind Steine. Da ist eine Sonne. Da ist ein Spätboot. Da ist eine Nacht, die hereinbricht in Richmond, Virginia.

Der Biber

Schon im Moment als sich ein «S» auf dem Papier schlängelt und die schmale abnehmende Mondsichel des kleinen «c» verschluckt – beim Schreiben des ersten Satzes, ersten Wortes! –, ist es wieder da und mich schaudert im heissesten Sommer. Fünf Zeilen, ein halber Absatz: ein Versuch, sich einen Ausweg zu schreiben aus dem wie aus Stahl gegossenen Text in meinem Kopf! Wie vergeblich! Und die Haare stehen mir zu Berg, vom Nacken ausgehend wandern Stromstösse mein Rückgrat und die beiden Arme entlang. Mein Traum schreibt, führt meine Finger. Ich habe ihn so oft geträumt, ich kenne diesen Ort. Ich weiss: immer wieder bin ich hier gewesen. Ich habe sie gesehen, die Felsen zur Linken, die sanft geschwungenen Hänge zur Rechten, doch es ist *ein* Meer da unten und nur eine Frage der Zeit, bis die Nacht hereinbricht.

Im Meer wandert das Grauen. Im flachen Wasser des Strandes schwimmen die Pflanzen, der Schlick, die Algen, das Seegras meinetwegen, wenn Sie denn Namen hören wollen. Als ob wir damit Herr würden über das Unbekannte, die Angst bannen könnten, wenn wir Qualle sagen, Schleim, Quastenflosser, Treibsand. Einzig weiss ich, dass die Angst grün war im flachen, lauen Wasser, noch verborgen, latent. Wer von den steilen Felsklippen herabsah – und das taten viele, denn es war ein Fest dort, ein Jahrmarkt, ein buntes Treiben – musste die braune Masse erkennen in der wilden See dort unten. Tote Tiere vielleicht, sturmgepeitschte Schiffsplanken voll der kleinen, harten Muscheln. Sagen wir am besten: Schlamm. Ich eilte vom Strand hoch zu den Klippen, war an beiden Orten zugleich. Wollte aber nicht mehr am Strand sein, wo das Grün sich in Bewegung setzte. Sah hundert Meter über dem Sturm voller Höhenangst wie es dort ausharrte. Das Grauen würde kommen, wenn sich das grüne Schlingen und der braune Schlamm vereinigten. Nur eine Frage der Zeit, bis die Nacht hereinbricht. Ich wusste es, eilte aber nicht wie Kassandra zu den

Ignoranten oben am Berg, zerbrach keine Gesetzestafeln, war kein Prophet. Mir träumte eine gottlose Zeit. Die Sterne glätteten die Wogen, der Mond, der so plötzlich da war, schien auf das Wasser. Aus der grossen Vereinigung stieg mit samtweichem Fell der Biber auf, scharte Tier um Tier um sich, die grossen Meerschnecken, die Frösche, Würmer, und er sprach zu ihnen, während kein Wind wehte. Er hatte die geschliffene Zunge politischer Führer, war wie Lenin inmitten seiner Genossen, erklärte einen heiligen Krieg. Vom Meeresgrund stiegen Blasen auf, grüne und braune Schlingen umwanden sich. Man hielt Rat über die grosse Befreiung und fast klopfte mir das Herz wie von Glück. Mir, der ich doch zu den Auszutilgenden gehörte, zu den Menschen. Ich brauchte die Sprache der Tiere nicht zu verstehen, um das zu wissen. Als ich wie erlöst niedersinken wollte am Strand, zu fallen, zu stürzen, zu fliegen ansetzte oben von den Klippen, wurde die Stimme des Bibers lieblicher und er schien alle und alles zu umarmen. Und er sprach in einer Menschensprache, als ob er nur zu mir sprechen würde: «Ich kann nicht verstehen, dass Ihr mich so gern habt, mich, der ich doch sogar meine Eltern umgebracht habe.»

Und er lächelte und Nebel senkten sich. Ich lebe. Ihr nennt es Ewigkeit, nennt es Paradies – ich habe dafür keine Namen.

Später werde ich von dem Mann in der Strasse träumen, er wird nackt vor mir gehen, Finger werden auf ihn zeigen und die Spötter werden dann auf meine Schulter tippen. Nur leicht und wie beiläufig ist die Berührung. Aber wie kalt mir wird. Und sie werden sagen: «Schau, er ist wie du.» Und: «Du bist es.» Und: «Wie bedauern wir deinen Vater.»

Ich gehe in einer unglaublichen Langsamkeit nach Hause.

Nachts um vier sitze ich am Küchentisch in der kleinen Wohnung. Ich bin herabgestiegen vom Hochbett, habe S. schlafen lassen wie immer in den letzten Monaten. Meine kleine wache Zeit zwischen vier und sechs. Langsam tropft der Kaffee durch den Filter. Ist der Krug zu zwei Dritteln gefüllt, giesse ich mir die erste Tasse ein, etwas stärker muss der erste Kaffee sein um vier. Die Vögel singen. Noch immer zittere ich vor Angst, notiere den Traum ins kleine Notizbuch, scheue mich das schreckliche Ende aufzuschreiben, notiere nur die gelben Putzhandschuhe. Die Stricke. Die Knoten. Die gelben Stiefel. Das Rasen. Das Einfrieren. Ich weiss nicht, ob S. sich nur schlafend stellte, als ich aufwachte. Mir war, ich wäre schreiend aufgefahren. Die Angst in S.s Armen keinen Trost zu finden, lässt mich das Bett fliehen. Das Wasser kocht, der Kaffeesatz wirft Blasen, blubbert, schäumt. Ich pflücke eine Heidelbeere. S. hat den Balkon in eine grüne Insel verwandelt. Inmitten dieses Glücks *nicht* glücklich zu sein ist die grösste Schuld. Ich atme die Nachtluft, die Beere explodiert förmlich in meinem Mund, die frische Säure lässt meinen Speichel fliessen. Während ich im Käfig des Lifts nach unten fahre, um das Journal der Genève aus der Zeitungsbox zu holen, stelle ich den Biber, den Fischotter neben die berühmten Tiere der Literatur.

Felix Epper, geboren 1967. Lebt in Solothurn. Zahlreiche Veröffentlichungen in Zeitschriften und Sammelbänden. 2004 Werkjahrpreis für Literatur des Kantons Solothurn.

Ideelle Unterstützung

Ein spezieller Dank geht an Vrony Jaeggi,
Felix Epper, Franco Suppino,
Max Wild und Alena Ramseyer.

Und auch ein grosses Merci an Peter Bichsel;
obwohl er leider bei dieser Anthologie
partout nicht mitmachen wollte,
prägt er seit vielen Jahrzehnten die
literarische Landschaft Solothurns.

Finanzielle Unterstützung

Berner Kantonalbank BEKB | BCBE, Solothurn
Lions Club Solothurn
Lotteriefonds Kanton Solothurn
Regional Stiftung SolWa, Solothurn Wasseramt
Rosmarie und Armin Däster-Schild Stiftung, Grenchen
Rotary Club Solothurn
St. Lukasbruderschaft Solothurn
Stadt Solothurn

STADT**SOLOTHU**₹N

Im Kulturbuchverlag Herausgeber.ch sind in den letzten Jahren unter anderem auch erschienen:

Durchgangsstadt Olten, Bahnhof, Aare, Nebel. Wohl keine andere Schweizer Stadt ist derart beladen mit Vorurteilen. Im Fall von Olten: negativen Vorurteilen. Und nur ganz selten erhält man eine zweite Chance, sein verinnerlichtes Bild zu revidieren. Mit Texten von Alex Capus, Franz Hohler, Ulrich Knellwolf, Urs Faes, Werner Morlang, Ursula Rossel, Michèle Binswanger, Rhaban Straumann, Rolf Strub, Walter Millns, Peter Killer, Peter Kaiser, Peter André Bloch. Fotografien von Franz Gloor und Laura Locher.

160 Seiten, 24 x 30 cm, 100 S/W- und Farbfotos
Pappband, Fadenheftung
ISBN 978-3-905939-04-0, Fr. 48.-

100 Farbbilder des Fotografen Harry Bruno Greis: 20 Jahre war er Mönch, Pater, Diakon und Organist im Kloster Einsiedeln. Mit Textbeiträgen von Pater Lukas Schenker, Kardinal Kurt Koch, Irina Bossart, Klaus Fischer, Daniel Gaberell, Giuseppe Gerster, Abt Peter von Sury, Sibylle Hardegger, Martin Mecker, Pater Bruno Stephan Scherer, Urs Walter und Mariano Tschuor.

132 Seiten, 22 x 22 cm, ca. 120 Farbfotos
Pappband, Fadenheftung
ISBN 978-3-905939-02-6, Fr. 28.-

«LANGENTHAL – Eine Heimat im Wandel»

«BERN – Gesichter, Geschichten»

«SOLOTHURN – Leben am Jurasüdfuss» (vrgr.)

«Tarzan in der Schweiz» von Pedro Lenz

«Die Welt ist ein Taschentuch» von Pedro Lenz

«ARLESHEIM – Menschen und ihre Heimat»

«BERN WEST – 50 Jahre Hochhausleben»

«BIEL/BIENNE –Neue Horizonte, bekannte Traditionen»

«LANGENTHAL – Rückblick in die 50er» (vrgr.)

«DACHASA/DAHEIM – Engadiner Hausgeschichten»

«Mein THUN – Aus Liebe zur Heimat»

«INS – Rückblick in die 70er»

«Mein CHUR» (vrgr.)

«EMMENTAL – Bildergeschichten 1952 bis 2009»

«Unterwegs im OBERAARGAU»

«LÄNGGASSE – Berner Stadtquartier»

«KÖNIZ – Und seine Ortschaften»

«OBERAARGAUER LESEBUCH»

«Mein OBWALDEN»

«BIRKENHOF – Die Geschichte eines kleinen Wunders»

«SEELAND – Artenvielfalt und Landschaft»

«Das Haus Urs Hug»

«ZUG –Meine Stadt, mein Kanton»

«Meine Stadt LUZERN»

«Mein BELP»

«Kurze Hosen – Ueli Remund»

«Mein APPENZELLERLAND»

«Mein AARAU»

«WILLY JOST – Fotograf»

«Ein Haus ist ein Haus ist ein Haus»

«BERN BERNE»

«JACQUES NAEGELI – Gstaader Fotograf»

«100 Jahre Herz-Jesu-Kirche Laufen»

«BIELERSEE – im | am | auf»

ua.

www.herausgeber.ch